Pietro Boccia

L'identikit del Dirigente scolastico nell'Unione europea

Editrice 33 Pagine

1. *Premessa*

Il dirigente scolastico come manager e leader delle società complesse

Il dirigente scolastico deve, oggi, essere, in ogni società, manager (soggetto capace di organizzare e gestire le performance relazionali, educative e formative) e leader (soggetto capace d'indicare, di guidare e di raggiungere pienamente gli obiettivi progettati dalla comunità scolastica).

Nell'attuale prospettiva culturale (globalizzazione, società della conoscenza e dell'interculturalità) è importante impegnarsi a favore di ricerche e di studi, centrati sulla consapevole acquisizione di una pluralità di culture e sul processo d'inclusione. La complessità impone, infatti, a tutti l'assunzione di un ruolo dinamico, per rispondere alla necessità d'interpretare, in modo adeguato, i contesti problematici, atti a promuovere i processi d'inclusione e a costruire una società eretta non solo sulla convivenza democratica, ma anche sulla consapevolezza che le diversità etniche e culturali, quando non superano la soglia di contaminazione, diventano per ognuno una ricchezza e una risorsa per la propria crescita.

Le società si formano per la spinta di socialità di chi le costituisce. Ogni organizzazione sociale è un insieme di risorse umane, immateriali, giuridiche, tecnologiche, spaziali, simboliche e così via, che, coordinandosi, operano e perseguono certi fini. Per essere in vita e funzionare efficacemente, ogni organizzazione (Stato, scuola, università, ospedali, industrie, aziende, famiglia, sindacato e così via) ha la necessità di regolare la propria condotta.

La vita di un'organizzazione è tanto più funzionale e dinamica quanto maggiormente gli elementi che la costituiscono sono attenti ai bisogni degli utenti. Ad assolvere i bisogni degli utenti e della collettività viene, all'interno della società, utilizzata la pubblica amministrazione. Il modello organizzativo, fondato sulle relazioni sociali, ha ampio spazio di realizzarsi, oggi, anche attraverso le istituzioni scolastiche. Queste, infatti, come agenzie formative, sono certamente orientate non solo ai rapporti relazionali, ma anche all'individualizzazione e alla conduzione dei gruppi, per costruire una società adeguata a fornire risposte ai soggetti che la costituiscono.

Il processo di autonomia nelle istituzioni e nelle pubbliche amministrazioni ha messo in crisi il modello organizzativo-apparato e ancora gli studiosi non riescono a individuarne uno che possa corrispondere pienamente alle aspettative attuali.

L'orientamento è di pensare a organizzazioni "complesse a legami deboli". Un'organizzazione complessa è, oggi, un modello di rete, nel quale si costituiscono nodi e connessioni. I primi sono i tipi di attori coinvolti e le seconde rappresentano i momenti di scambi relazionali tra i singoli attori.

L'organizzazione della rete lascia, pertanto, molta libertà di scelta agli attori coinvolti, anzi più la rete si espande verso il globale, maggiormente la scelta degli obiettivi è speculare; al contrario, più si circoscrive alla realtà locale e maggiormente la programmazione o la pianificazione diventa pratica. La qualità della rete si misura, perciò, attraverso gli elementi che la costituiscono e in funzione degli obiettivi da raggiungere. Oggi, le organizzazioni complesse sono anche quelle basate sul modello "project-based organization", nelle quali i progetti seguono percorsi indipendenti e autonomi. Per la recente crisi economica, a livello mondiale, sta emergendo, tuttavia, una condizione d'incertezza per le organizzazioni sia sul presente sia sul futuro. Le decisioni che bisogna prendere lasciano spazio, così, all'ambiguità e alla flessibilità. La gestione dei conflitti, all'interno delle organizzazioni complesse, potrebbe, in conseguenza di ciò, sfuggire di mano, anche perché i comportamenti individuali sono, nei momenti di crisi, dettati dai limiti della propria razionalità.

Un modello organizzativo complesso è, oggi, anche la scuola, che può essere vista come un sistema aperto al centro di una rete di relazioni con il territorio. In tale prospettiva ogni cambiamento di un elemento del sistema si riflette sull'intera organizzazione (Teoria generale dei sistemi, Ludwig Von Bertalanffy, 1968). In un sistema aperto, partendo da differenti condizioni iniziali, l'obiettivo finale può essere raggiunto in diversi modi. Al contrario, in quelli chiusi delle organizzazioni tradizionali, il risultato finale era già determinato dalle condizioni iniziali. Nei sistemi aperti, un argomento importante è rappresentato dalla teoria della complessità per gestire le organizzazioni. Tale teoria è un nuovo approccio al sapere, che è diretto alla comprensione olistica dei sistemi interconnessi, come appunto le organizzazioni complesse.

La teoria della complessità è trattata diffusamente nel libro di Alberto Felice De Toni e Luca Comello dal titolo *Prede o ragni. Uomini e organizzazioni nella ragnatela della complessità*, dove sono indicate tre leggi che contraddistinguono i sistemi complessi e, quindi, di conseguenza, le organizzazioni. La prima è la legge dell'apertura. I sistemi complessi sono aperti e, perciò, anche le organizzazioni avrebbero l'obbligo di mantenersi "aperte", per "co-evolvere", in uno scambio continuo d'informazione, tutti nell'ambiente circostante. Come i sistemi aperti, esaminati e studiati inizialmente dallo scienziato russo Prigogine, le organizzazioni acquisiscono, aprendosi, elementi d'informazione che possono essere considerati come un contributo per alimentare la crescita. Secondo la prima legge della complessità, l'organizzazione si apre, relazionandosi con l'esterno attraverso la pubblicità, le investor relations, i comunicati stampa, le comunicazioni telefoniche e così via, ma può acquisire informazioni anche all'interno tramite ricerche di mercato, competitive intelligence, benchmarking e così via. La seconda è la legge del riorientamento.

I sistemi complessi sono spontaneamente capaci di adattarsi e hanno la caratteristica di riuscire a riorientarsi in seguito alle discontinuità improvvise che sperimentano. Pianificare e prevedere hanno, in tal caso, senso soltanto se ciò che è possibile diventa anche probabile. Chi pianifica e fa previsioni deve, pertanto, avere la sensazione che i fatti procedono in base al corso previsto. Ciò, però, non sempre avviene, perché alcune volte, entrando in gioco l'imprevisto, il possibile si rende instabile e si estingue nell'incertezza e nell'improbabilità. In tal caso, le organizzazioni complesse devono essere guidate da soggetti che, capaci d'insight, colgono all'istante l'occasione, per reagire all'imprevisto e far fronte alla situazione. Per fronteggiare eventi straordinari, nelle organizzazioni complesse, bisogna essere molto veloci, attraverso, ad esempio, la capacità immediata di costruire scenari alternativi (contingency plans), nel riorientamento, per far ripartire positivamente la struttura che si guida. La terza legge dei sistemi aperti e delle organizzazioni complesse è quella dell'equilibrio dinamico tra continuità e discontinuità.

I sistemi complessi vivono, dunque, al limite tra l'ordine eccessivo, che porta all'immobilizzazione, e il disordine totale, che conduce alla disintegrazione La terza legge, individuata dagli studiosi De Toni e Pomello, diventa, pertanto, quella da mettere in pratica, soprattutto nelle istituzioni scolastiche. Un sistema complesso è, dunque, un insieme di parti che, in modo autonomo, si auto-organizzazno al proprio interno e, nello stesso tempo, entrano in relazione con il mondo esterno in maniera non sempre prevedibile.

Philip Warren Anderson, Premio Nobel per la Fisica nel 1977, afferma in *Science*, nel 1972, "*More is different*", vale a dire che l'insieme è più della somma delle sue parti.

Quest'affermazione diventa il manifesto della complessità. I singoli elementi che costituiscono un insieme sono difficilmente prevedibili, perché presentano proprietà emergenti. Un esempio è l'acqua, che pur composta di due elementi gassosi, (ossigeno e idrogeno) è liquida. Sono queste proprietà, infatti, a indurre Karl Popper ad affermare che l'uomo vive "in un universo di novità emergenti".

Le organizzazioni complesse devono, per tale motivo, cercare l'equilibrio dinamico, realizzando in qualche modo due degli obiettivi della strategia "Europa 2020" (occupabilità e fles-sicurezza), tra la continuità e la discontinuità. Esse devono, in ogni modo, anche salvaguardare, per rendere stabili i vantaggi competitivi, nello stesso tempo, l'apertura, il riorientamento e l'equilibrio tra la continuità e la discontinuità.

La scuola e la società globale

Nella società tecnologicamente avanzata, soggetta a continue trasformazioni, la funzione della scuola ha assunto un'importanza fondamentale non solo per lo sviluppo, per l'educazione, per la formazione e per la preparazione dell'essere umano alla socialità ma anche per fargli acquisire conoscenze indispensabili e competenze adeguate a comprendere la realtà e a governarne gli sviluppi. Oggi la scuola deve riconoscere di non essere in grado di esaudire tutte le funzioni educative; essa, pertanto, nell'esercizio della propria responsabilità e nel quadro della propria autonomia funzionale deve anche favorire, attraverso la partecipazione democratica, prevista dalle norme sugli organi collegiali, l'interazione formativa con la famiglia, quale sede primaria dell'educazione e del successo formativo, e con la più vasta comunità sociale.

Le tendenze di ogni essere umano verso l'esigenza di disporsi all'apprendimento, in verità, si manifestano già nei primi giorni di vita. Vivere con genitori che lo amano e che lo circondano di attenzioni, ogni figlio è stimolato a manifestare risposte e a comunicare. Non sa pronunciare ancora le parole, ma ormai ne comprende il significato. Nella fase della prima infanzia, il bambino, di solito, risponde e s'intrattiene con i genitori e non con i fratellini maggiori, perché egli già riconosce chi sa dare risposte concrete ai suoi bisogni immediati. Egli non preferisce, dunque, in tale fase, socializzare con i coetanei. Iniziare a frequentare la scuola e distaccarsi dai genitori è un passaggio molto delicato.

Il bambino è predisposto, in maniera naturale, alla socialità, ma la fase che sta attraversando, se non è accompagnata da una premurosa attenzione dei genitori, potrebbe implicare traumatizzanti esperienze e l'inserimento nella vita sociale e scolastica non sarebbe agevole. In Italia, l'esigenza della scolarizzazione di massa si è fatta sentire, nell'immediato dopoguerra del Novecento, con il processo d'industrializzazione e il fenomeno dell'urbanesimo.

Le campagne, allora, si spopolano e una massa ingente di contadini, delusa e frustrata dall'impossibilità di vivere con l'agricoltura, poco specializzata, popola le città. L'industria assorbe completamente molti genitori, i quali sono costretti a rimanere, spesso, lontano dai propri figli, negando loro affetto, sicurezza e familiarità, basi indispensabili per uno sviluppo armonico della personalità. È da tener presente, inoltre, che negli anni Cinquanta e Sessanta del Novecento, l'Italia del Nord industriale ha difficoltà, per il massiccio processo migratorio, a fornire alla maggior parte degli immigrati abitazioni adeguate; le famiglie, che ivi immigrano, si adattano, così, a vivere in alloggi malsani e angusti, privi di qualsiasi spazio, per il libero evolversi dell'attività ludiche dei figli e prive, in particolare, di un ambiente adatto a instaurare relazioni umane.

Un bambino, quando non è circondato dalle rassicurazioni psicologiche dei genitori, rimane, non potendo fondare su una guida sicura ed esperta e dovendo operare il difficile passaggio dalla fase egocentrica a quella sociale, emarginato e diventa timido e aggressivo. Egli, indifeso, è il primo ad avvertire le conseguenze negative di tale stato. Per tali motivi, la funzione della scuola, che affianchi la famiglia, integrandone e includendone l'opera e in alcuni casi sostituendosi a essa, è diventata, nella società contemporanea, un'esigenza prioritaria.

La struttura della scuola deve essere adeguata, per perseguire i fini di crescita e di educazione. Un ambiente spazioso e aperto è un fattore molto importante, perché aiuta a scaricare aggressività. Anche il materiale ludico deve essere adatto a favorire la crescita; deve, però, essere scelto con cura e da un esperto dello sviluppo evolutivo, perché spesso è inutile e frustrante. Bisogna tener conto che l'essere umano è sia vita sia impulso e quotidianamente s'incontra e si scontra con realtà nuove. Tutto ciò produce in lui apprendimento e ne modifica il comportamento.

L'educazione deve, pertanto, cercare di dare assetto con le attività ludiche, con l'azione e con i processi intellettivi agli impulsi incontrollabili dell'io e incanalarli verso comportamenti accettabili e regolati socialmente. Essa è oggetto della pedagogia, scienza dell'educazione che ha come fine l'esigenza di rendere, attraverso la didattica, migliore le condizioni generali degli uomini. Anche la didattica è, tuttavia, una scienza, che ha, come scopo, l'esigenza di facilitare il compito della pedagogia e lo fa, attraverso la continua ricerca e sperimentazione di strategie per agevolare forme di apprendimento, commisurate ad ogni soggetto. Sono la pedagogia e la didattica, quindi, a rendere sicuro e certo l'apprendimento.

Educare alla naturalità e alla socialità, con il metodo delle cose viste e sperimentate, senza inibire i liberi processi di maturazione dell'essere umano, deve essere il "credo pedagogico" della scuola e di ogni educatore. La scuola in generale non deve, però, avere la pretesa di sostituirsi alle famiglie, ma rappresentare un ponte tra queste e il mondo della realtà sociale. In tal modo, ogni alunno, anche di nazionalità non italiana, potrà acquisire serenità ed equilibrio, premesse fondanti per il cittadino di domani. Le problematiche, relative agli alunni di nazionalità italiana e non, riguardano i titoli di studio, l'iscrizione nella scuola pubblica e l'inserimento e l'inclusione nelle classi.

La scuola è, oggi, obbligata a impegnarsi all'integrazione culturale, permettendo la socializzazione delle diverse tradizioni, la fluidificazione delle barriere culturali, l'inclusione e la tutela dei valori e delle sensibilità comuni. Max Weber, all'inizio del Novecento, ha sostenuto che non c'è una comunità di provenienza, dove si collauda un senso d'appartenenza, che è, in modo soggettivo, riconosciuta, e nemmeno una comunità d'arrivo, dove la condivisione si dovrebbe basare sulla razionalità. Le due dimensioni, in ogni comunità, s'intersecano e coesistono. Nella scuola, gli alunni di nazionalità italiana e quelli di altre nazionalità devono passare da una logica della comunità di appartenenza a una logica, in cui tale valore è legittimato allo scopo di costruire una società razionalmente più inclusiva.

La globalizzazione e la crisi della civiltà occidentale

Il pensiero occidentale, nel suo cammino storico, si è trasformato e organizzato, anche se con ritmi e dimensioni diverse, spesso in sistema globale; esso, abbandonate, così, le caratteristiche di un sapere ipotetico e critico, e integrati perfettamente alcuni elementi di culture diverse, in esso confluiti, è diventato una forma di cultura totalizzante o ideologia dominante. L'alternarsi dei sistemi globali di conoscenze e il sapere critico sono un processo dicotomico, perché quanto più la cultura diventa totalizzante tanto più in alcuni uomini si produce l'esigenza di un pensiero critico e ipotetico. Nella storia della civiltà occidentale, si possono individuare tre forme di sistemi totalizzanti di conoscenze, vale a dire aristotelico, tomista e marxiano.

Un sistema di conoscenze, nella maggior parte dei casi, si forma e si afferma, quando in esso confluiscono elementi di culture diverse. In quello aristotelico sono confluiti gli elementi cosmologici della cultura naturalistica della Magna Grecia, gli elementi metafisici della filosofia platonica e gli elementi enciclopedici della cultura ellenistica. La conseguenza del sistema delle conoscenze di Aristotele è stato l'impero globale o, come si diceva allora, universale di Alessandro Magno.

La metafisica platonica e aristotelica, come elemento della cultura greca, il diritto, come elemento della cultura latina, e il concetto di creazione, come elemento della cultura ebraica, sono confluiti, poi, nel sistema di conoscenze del tomismo. Gli effetti di questo sistema sono rappresentati dall'ideologia dell'impero universale di Carlo Magno. Nel sistema di conoscenze marxiano sono, infine, confluite la filosofia, come elemento della cultura tedesca, la sociologia, come elemento della cultura francese e neolatina, e l'economia, come elemento della cultura anglosassone.

Gli esiti del sistema di Marx, mettendo tra parentesi l'anti-marxiana ideologia leninista e non solo, sono, di conseguenza, i risultati, in verità capovolti, dell'attuale processo di globalizzazione. Gli esiti del sistema marxiano risultano capovolti perché oggi la globalizzazione è rappresentata dal capitalismo totalitario, affermatosi con la caduta del muro di Berlino. Ogni sistema di sapere si presenta sempre come enciclopedico e totalizzante; esso, nel suo affermarsi, integrandosi e fondendosi elementi di culture diverse, si diffonde e ha facilmente successo; può essere, infatti, compreso con immediatezza da tutti quelli che ne possiedono i codici e i messaggi. L'uomo è, tuttavia, assetato di conoscenza e, giacché, nel vivere in un sistema di sapere precostituito, è frustrato e insoddisfatto, si sente motivato a ricominciare a pensare liberamente e a ricercare la verità, mettendo in moto i meccanismi di disgregazione della società in cui vive. È, in tal modo, che le civiltà avanzano e si trasformano in meglio.

Pur essendo gigantesche le difficoltà per procedere verso le civiltà più avanzate e spesso sono necessarie numerose generazioni per raggiungere qualche risultato, la ricerca per la riconquista della libertà, quando si rimetterà in moto, contribuirà sicuramente ad approdare alla costruzione di una società più aperta, maggiormente socialista e pluralista. In seguito, le conquiste della conoscenza e l'affermazione della libertà condurranno a una nuova reintegrazione e, quindi, alla formazione di una nuova globalizzazione o di un diverso sistema di sapere. È l'affermarsi dei "corsi e ricorsi storici" di vichiana memoria. L'uomo, nelle società occidentali, tecnologicamente avanzate e culturalmente pluralistiche, si forma e matura, acquisendo, nel suo continuo realizzarsi, coscienza critica.

Le società, quando diventano sistemiche, le culture minoritarie, pur non potendo, in ogni modo, esprimersi liberamente, implementano, operando anche clandestinamente nel contestare il potere, i germi necessari, per rimettere in moto le trasformazioni culturali e sociopolitiche. Da una società pienamente integrata, dove i valori, le norme e le concezioni sono accettati quasi da tutti, si giunge, così, a un processo di rottura nei confronti della cultura esistente, che in quel momento è egemone, e alla dislocazione di alcuni individui o gruppi verso nuove ed emergenti forme culturali. Il termine cultura è, a tal proposito, inteso come un insieme di valori, di norme e di concezioni che la società si è dato. Dopo che il processo di trasferimento di tali soggetti trasloca dalla cultura integrata a quella emergente, si produce la mobilitazione prima psicologica e, poi, oggettiva.

La trasformazione della società, quando arriva al punto di non ritorno, poiché negli uomini si producono, in modo eccessivo, incertezze, ansie e angosce, riattiva, al proprio interno, la necessaria reintegrazione tra la cultura tradizionale e i nuovi processi di valori, di norme e di concezioni, affermatisi attraverso la mobilitazione. Questa è un ciclo di veloci trasformazioni sociali, che si realizza in momenti differenti e diversificati (integrità sociale, disgregazione, disponibilità psicologica, disponibilità oggettiva, reintegrazione sociale). Nella società, a struttura integrata, ogni individuo agisce in modo "prescrittivo" e le sue azioni sono indotte e predeterminate. Solo quando l'integrazione del sistema sociale si rompe e si sgretola, le azioni diventano elettive e l'individuo acquista autonomia e consapevolezza.

Nel primo caso i comportamenti sono prescritti dalla collettività e dalla tradizione; nel secondo, sopraggiunta la disgregazione sociale e la mobilitazione, i soggetti, privi di modelli sociali e di punti di riferimento, sono, invece, indotti a compiere continue scelte e a convivere, in modo permanente, nell'incertezza e nell'ansia. Per tali motivi si può affermare che l'individuo, quando non ha più il senso d'appartenenza, perché è espulso dal suo ambiente naturale e culturale, diventa un allogeno. Egli, avendo perduto le proprie radici e non possedendo più norme e valori condivisi, è, quindi, un potenziale candidato a lottare, per sconvolgerlo e per rivoluzionarlo, contro l'ordine sociale costituito in cui è stato immesso e che sente nemico.

Alcuni anni fa milioni di persone, chiamate "indignados", sono scesi in piazza. Hanno tutti, senza distinzioni generazionali, etniche e professionali (giovani, studenti delle scuole superiori e delle università, seguiti dal malessere dei pensionati e di intere famiglie), reso traboccanti le strade di mezzo mondo (dall'Europa agli Stati Uniti, dall'Asia all'Africa). "Siamo tantissimi e ovunque" è uno dei tweet più efficaci che hanno messo in circolazione.

Non sembrerebbe un nuovo Sessantotto, ma, andando ad approfondire le cause, almeno qualche analogia si evince, vale a dire, da un lato, la consapevolezza dei giovani, durante gli anni Sessanta, di essere nati alla fine della raccapricciante Seconda guerra mondiale e di aver ereditato lo squallore dei lager tedeschi, dei gulag sovietici e delle bombe atomiche, sganciate dagli USA a Hiroshima e a Nagasaki, e, dall'altro, la percezione dei giovani d'oggi, di essere nati, quando il mondo, durante gli anni Ottanta a causa della reaganomics e del thatcherismo, ha ereditato passivamente e in modo rassegnato dai loro padri, una società, letteralmente consegnata nelle mani di uno sfrenato e insaziabile capitalismo finanziario. In quegli anni, il mondo, caduto l'impero del comunismo sovietico, poteva, nel complesso, seguire due strade, in altre parole continuare a salvaguardare il welfare state, anche con l'autogestione dell'economia, com'è avvenuto in Svezia con l'istituzione del "Fondo dei salari", teorizzato da Rudolf Meidner, oppure tentare di abbattere lo Stato sociale, com'è avvenuto con Ronald Reagan e con Margaret Thatcher, e realizzare una politica economica, fondata sul supply-side economics (taglio dell'imposta sul reddito, riduzione dei tassi d'interesse, incremento delle spese militari e aumento del deficit pubblico).

Si è, purtroppo, seguita e ha vinto la seconda strada. Alla guida del potere in America e in Inghilterra si afferma, così, una politica fiscale anti-keynesiana, vicina al monetarismo di Milton Friedman. Intraprendendo la seconda strada, la sinistra, a livello mondiale, non riesce nemmeno a percepire la via di non ritorno che si stava imboccando e subisce una debacle, che ancora oggi è all'ordine del giorno.

La civiltà occidentale è entrata, in tal modo, in una profonda crisi. Essa, ben duemila anni fa, si era stratificata con il cristianesimo ed era rappresentata dal fatto che i padri della chiesa e gli scolastici, da un lato, organizzarono la cultura, fondendo elementi di tre civiltà diverse, la metafisica (teologia) del mondo greco (Platone e Aristotele), il diritto (diritto canonico) del mondo romano (Cicerone e soprattutto Ulpiano, che nelle sue Regole afferma "Iuris praecepta sunt haec: honeste vivere, alterum non laedere, suum cuique tribuere") e il concetto di creazione del mondo ebraico (il Libro della Genesi); dall'altro riuscirono a far passare l'idea che gli esseri umani fossero, almeno dal punto di vista spirituale, tutti in possesso dei valori di libertà, uguaglianza e fratellanza.

Non solo le società schiaviste sono state, di conseguenza, superate, ma ogni forma di sudditanza viene messa gradualmente in discussione fino alla consapevolezza che i valori e la cultura sono indispensabili per l'acquisizione dei diritti di ognuno e per la crescita sociale e democratica di tutti. È, dunque, prescrittivo che la cultura e i valori devono, come due rette parallele, viaggiare insieme. Quando uno dei due elementi viene, infatti, meno, si creano dei mostri sociali. È avvenuto, nel Medioevo, quando negli esseri umani erano presenti profondi valori, ma privi di una cultura necessaria, nei momenti delle grandi pestilenze, invece di separarsi, si riunivano nelle chiese per pregare e si contagiavano.

Nel Novecento, al contrario, sono, dopo che Nietzsche, nel libro Gaia scienza, ha scritto "Dio è morto", venuti a mancare i valori. In tal modo la Germania ha prodotto il Nazismo e l'URSS ha reso possibile il "comunismo reale". Quello tedesco era un popolo di filosofi, di scienziati e di artisti, ma ha concepito, giacché aveva smarrito i valori della libertà, della pace, della solidarietà tra i popoli, della giustizia sociale e della consapevolezza che l'uomo fosse un essere limitato e non, quindi, in possesso di verità da imporre agli altri, una delle più drammatiche tragedie della storia, vale a dire i "lager". Pure il popolo sovietico, non riuscendo, attraverso il leninismo e lo stalinismo, a riportare a sintesi i valori e la cultura, ha, a sua volta, realizzato i gulag. Ciò è avvenuto perché i sovietici avevano smarrito il valore della libertà, che è di base a tutti gli altri. I germi dello stalinismo erano già tutti presenti nel leninismo.

Con lo stalinismo e il nazismo, due fette della civiltà occidentale, fondata sul cristianesimo, perdono lo spirito propulsore: una è la chiesa ortodossa, coinvolta e implicata nel totalitarismo staliniano, e l'altra la chiesa protestante, compromessa e inclusa nel totalitarismo nazista. Si salva soltanto la chiesa cattolica, che, nonostante alcune implicazioni, non si fa inglobare dal fascismo, e continuerà a rimanere in piedi, finché il capitalismo non superi, dopo quella empirica, anche la fase conflittuale, liberandosi, negli anni Sessanta del Novecento, degli intellettuali borghesi della hegeliana "coscienza infelice"; diventa, così, totalitario, abbattendo prima il comunismo sovietico (caduta del muro di Berlino – 1989) e in seguito, in maniera surrettizia, facendo capitolare anche la Chiesa cattolica (dimissioni di Ratzinger – Benedetto XVI) nel 2012.

Oggi per rimettere insieme i cocci della civiltà occidentale e riportare a sintesi i valori e le conoscenze (la stragrande maggioranza dei politici e degli intellettuali sono utili strumenti del capitalismo totalitario, rappresentativi del nulla e abbarbicati sul niente) è un'impresa difficile.

Sulla scena ci vorrebbe un nuovo soggetto carismatico (un Socrate, un Cristo e così via). In campo economico la risposta, dopo la crisi del 2008, incentrata sulla coesistenza di disoccupazione e deflazione, potrebbe ancora una volta essere fornita da John Maynard Keynes.

La politica economica si basa, infatti, sulla considerazione che la variabile base, che stimola l'attività economica, è quella che Keynes ha identificato come Dg (domanda globale), determinata da: C (domanda di consumi delle famiglie); I (domanda di investimenti delle imprese); G (domanda del settore pubblico attraverso la spesa pubblica); Ex (domanda dei mercati internazionali attraverso le esportazioni). Tale formula è tratta dal libro *La teoria generale dell'occupazione, dell'interesse e della moneta*, nel quale Keynes, nel 1936, elabora la sua teoria economica con l'espressione Dg = C + I + G + Ex, che può essere utilizzata per combattere i due grandi problemi di ogni economia, ovvero la disoccupazione e l'inflazione. Che cosa dice Keynes per la lotta contro la disoccupazione?

La disoccupazione è dovuta a un errore che è insito nella domanda globale (Dg). Per combatterla si deve aumentare la domanda globale.

Bisogna, quindi:

- stimolare i consumi, abbassando le tasse. In tal modo le famiglie hanno più denaro per acquistare beni;

- abbassare i tassi d'interesse, riducendo il costo del denaro e stimolando, così, le imprese a investire;

- aumentare la spesa pubblica attraverso interventi governativi e il bilancio generale dello Stato, investendo nella costruzione di scuole, ospedali e così via;

- promuovere le esportazioni, abbassando i tassi di cambio e, di conseguenza, favorendo i Paesi esteri ad acquistare beni e prodotti interni al proprio Stato.

Queste sono le ricette di base per combattere la disoccupazione. Come si fa, invece, per lottare contro l'inflazione? Si opera al contrario, ovvero si deve abbassare la domanda globale (Dg). Per abbassarla, occorre:

diminuire la propensione al consumo, aumentando le tasse e sottraendo denaro dai portafogli delle famiglie;

aumentare i tassi d'interesse, disincentivando, in tal modo, le imprese a investire;

ridurre la spesa pubblica, bloccando gli interventi del governo a favore delle istituzioni che hanno funzione sociale e abbassando il bilancio dello Stato;

spingere i tassi di cambio ad aumentare.

Keynes, perciò, sostiene che la disoccupazione e l'inflazione non possono coesistere. La disoccupazione, infatti, è dovuta a una mancanza di domanda e tende a far scendere i prezzi. Di conseguenza, quando si ha disoccupazione, si produce anche deflazione. Anzi, la disoccupazione e la deflazione rappresentano il modello di Keynes. Se c'è un eccesso di domanda, questa incrementa l'offerta, facendo aumentare le proposte di lavoro. Non ci può, dunque, essere inflazione quando c'è disoccupazione, perché, in tal caso, si presenterebbe una situazione contraddittoria.

La ricetta di Keynes ha funzionato dal dopoguerra fino alla crisi del petrolio, verificatasi nel 1973. Con la crisi petrolifera accade per la prima volta nella storia occidentale che l'inflazione e la disoccupazione coesistono. Keynes non aveva previsto tale fenomeno. Perché succede?

Nel 1973 l'inflazione non è, infatti, imperniata sulla domanda, ma sui costi. I prezzi salgono perché quelli del petrolio aumentano vertiginosamente (un barile di petrolio s'impenna da due a oltre trentacinque dollari) e continuano ad aumentare. In tal modo, l'inflazione da domanda diventa inflazione da costi. Keynes, morto nel 1946, non poteva prevedere tale fenomeno e fornire una risposta adeguata per combattere l'inflazione da costi.

La politica economica keynesiana viene, così, abbandonata e sostituita da quella liberista di Milton Friedman. È la politica dell'offerta (e non della domanda) che, considerando il bilancio dello Stato neutrale, prende il sopravvento. La ricetta di tale politica è che i tassi d'interesse devono essere rimaneggiati soltanto per migliorare l'attività economica. La crescita, dunque, dovrebbe procedere dalla macro-economia alla micro-economia, cioè i costi di produzione dovrebbero essere combattuti a livello aziendale, non solo attraverso la lotta agli aumenti salariali ma anche attraverso l'innovazione della produttività, il miglioramento della competitività e della qualità, l'assistenza post-vendita e così via. Viene introdotta, così, l'economia produttiva e delle immobilizzazioni a livello delle organizzazioni aziendali, evidenziando che la politica economica da macro è costretta a trasformarsi in micro.

Con la crisi del 2008, basata sulla contemporanea impennata della disoccupazione e della deflazione, viene, nonostante tutto, rimessa in gioco la politica economica keynesiana, proprio perché, secondo il teorico del welfare state, la disoccupazione e la deflazione devono coesistere. Ed è ciò che avviene nel 2008.

La maggior parte degli "Indignados" sa, però, che oggi il potere economico-finanziario è, a livello mondiale, nelle mani di pochissimi soggetti e che non solo le libertà individuali dei popoli e la giustizia sociale sono, così, ridiventate chimere, ma anche i diritti fondamentali sono messi in discussione. Sa anche che non può affidarsi a economisti, che in maniera ragionieristica scimmiottano l'economia, perché questa è un'arte talmente complessa e rigorosa da produrne uno ogni secolo (Smith nel Settecento, Marx nell'Ottocento e Keynes nel Novecento) e nemmeno può fidarsi della stragrande maggioranza degli intellettuali e giornalisti ormai "classe dominata dalla classe dominante" e ritenuti organici o sudditi ai poteri finanziariamente forti.

Le nuove generazioni saranno, pertanto, costrette a indignarsi e, attraverso tale sentimento, a svolgere, poi, prendendo coscienza dei propri ruoli e delle proprie funzioni, una forma di contestazione globale, ripensando a una società, che, nel complesso, ridistribuisca le ricchezze e riaffermi i diritti dei più deboli a vivere una vita conveniente e dignitosa. Julian Assange ha, parlando a Londra, detto ai manifestanti: "Oggi è una combinazione di sogni che si avvera, che molti popoli in giro per il mondo, dal Cairo a Londra, hanno lavorato perché diventassero realtà". Diverse manifestazioni e numerosi cortei organizzati in varie città italiane hanno visto sfilare per le strade e nelle piazze, studenti, precari del settore pubblico, disoccupati e cassintegrati delle aziende private e pensionati.

Gli slogan sono stati tanti: "Più piazze e meno affari", "Più banchi meno banche", "Il debito pubblico non lo pagheranno i più deboli". Il vastissimo coinvolgimento dei giovani a scendere in piazza non si vedeva da molto tempo. L'uomo per barcamenarsi nella società globale deve, in verità, avere come riferimento gli ideali e le conoscenze. Le une e gli altri, acquisiti o costruiti dai giovani all'interno non solo delle istituzioni scolastiche, hanno la possibilità di trasformarsi in dispositivi ad hoc, per costruire una società, eretta non solo sulla convivenza democratica, ma anche sulla consapevolezza che la diversità etnica e culturale, quando non supera la soglia di contaminazione, diventa, per tutti, una ricchezza e una risorsa per la crescita individuale e per la maturazione sociale.

Ognuno avrebbe, così, l'opportunità di condividere o di fondare ideali e di acquisire sempre maggiori conoscenze. Sia i primi sia le seconde rappresentano i pilastri per vivere, con equilibrio, nella complessa società di oggi, conflittuale e soggetta a veloci trasformazioni. Gli ideali sono punti di riferimento e tracciano la rotta alla quale tendere; le conoscenze, ottenute attraverso l'applicazione allo studio e l'esperienza, sono, invece, la strada maestra, non solo per trasformare, gradualmente, in meglio ma anche per migliorare, in maniera continua, l'intero corpo sociale. I primi non devono porsi in contrapposizione alle seconde; gli ideali, quando non si avvalgono delle conoscenze, generano mostri (nel Medioevo, ad esempio, gli uomini, anche se in possesso di saldi valori, come la solidarietà, la carità cristiana e l'amore per il prossimo, non erano scolarizzati e per questo motivo si trasmettevano tra loro facilmente malattie contagiose).

Se le società tradizionali avessero conosciuto scientificamente le cause di tali patologie, la peste, ad esempio, non avrebbe potuto mietere tante vittime. Anche le conoscenze senza gli ideali producono mostri. Nel Novecento, ad esempio, la coltissima Germania ha prodotto il Nazismo e l'URSS ha reso possibile il "comunismo reale". Quello tedesco era un popolo di filosofi, di scienziati e di artisti, ma ha concepito, giacché aveva smarrito gli ideali della libertà, della pace, della solidarietà tra i popoli, della giustizia sociale e della consapevolezza che l'uomo fosse un essere limitato e, quindi, non in possesso di verità da imporre agli altri, una delle più drammatiche tragedie della storia, vale a dire i "lager". Pure il popolo sovietico, non riuscendo, attraverso il leninismo e lo stalinismo, a riportare a sintesi gli ideali e le conoscenze, ha, a sua volta, realizzato i gulag.

Nell'elaborazione ideologica e politica di Lenin e di Stalin, alcuni ideali, come, ad esempio, l'uguaglianza, la pace e la solidarietà sociale, pur presenti nel modello di società che si voleva costruire, ma non poggiando, tuttavia, sulla libertà, che è l'ideale fondante, per edificarne ogni altro, hanno generato altrettanti orrori. I germi dello stalinismo già erano tutti presenti nel leninismo.

Lo stesso Lev Trotsky, compagno di Lenin, ha scritto, nel libro *La rivoluzione tradita*, che la concezione del centralismo leninista avrebbe ineluttabilmente tollerato non solo che "il partito sarebbe stato sostituito dall'organizzazione, l'organizzazione dal comitato centrale e il comitato centrale dal dittatore", ma anche che "la proibizione dei partiti di opposizione avrebbe portato con sé la proibizione delle frazioni e che la proibizione delle frazioni avrebbe condotto alla proibizione di pensare in modo diverso dal capo ufficiale".

La terza internazionale e il leninismo si può, pertanto, ipotizzare che siano stati fase suprema e strumenti del capitalismo, affinché anche in una società economicamente arretrata, come la Russia, si affermasse il sistema capitalistico. Come si fa, infatti, a costruire una società giusta, pacifica e solidale, senza essere liberi?

Gli ideali della giustizia, della pace e della solidarietà sociale verrebbero, in tal modo, com'è puntualmente avvenuto in URSS, soltanto imposti. È necessario, al contrario, considerare e sostenere che una libertà responsabile sia un supporto inderogabile per costruire, attraverso ideali e conoscenze, una società migliore, aperta e maggiormente rispondente ai bisogni degli uomini. Si auspica, perciò, che i giovani, servendosi delle conquiste democratiche, storicamente realizzate, si candidino, acquisendo consapevolezza critica e coniugando gli ideali e le conoscenze, a governare, rendendola gradualmente migliore, la società del futuro. In verità è la cultura laica, tuttavia, che potrebbe, riconoscendo che la diversità è una ricchezza per l'avanzamento dell'intera società, non solo promuovere e far coesistere culture diverse, ma anche rendersi garante delle libertà individuali contro ogni forma di potere dogmatico (religione) e ideologico (politica totalitaria).

La società della conoscenza plurale

L'azione del processo educativo è diventata una sfida che l'uomo contemporaneo è costretto a vincere ad ogni costo, al fine di evitare che le società complesse sprofondino nella barbarie. Il compito della scuola è, dunque, diventato quello di formare, da un lato, giovani consapevolmente responsabili e, dall'altro, soggetti capaci di costruirsi autonomamente valori di riferimento e un bagaglio di conoscenze, al fine di potersi orientare nelle scelte e di affermarsi nelle attività professionali. I giovani devono acquisire, con la stessa intensità, valori e conoscenze, non solo per avere punti di riferimento (orientarsi) ma anche per comprendere le veloci trasformazioni della società, in cui vivono, e per governarne gli sviluppi.

Per realizzare un tale obiettivo, la scuola dovrebbe, parafrasando Luigi Sturzo, essere "laica, democratica e aconfessionale", in altre parole aperta a tutti; in tal modo, ognuno potrebbe acquisire valori condivisi. Nella società globale ciò è possibile, quando la diversità, non superando la soglia di tolleranza della contaminazione culturale, è percepita come una ricchezza e non come una criticità. Bisogna, perciò, riconoscere il fondamento della società multiculturale e la funzione dell'educazione interculturale. Il riconoscimento del multiculturalismo e la condivisione dell'interculturalità sono, pertanto, le condizioni per far sì che si possa garantire una scuola autonoma e laica in una società globale.

Molti sociologi, antropologi e ricercatori, studiando le società, in cui convivono e interagiscono diverse tradizioni culturali, applicano il concetto di "multiculturalismo". Questo, collegato a ragioni sociali, culturali ed economiche per la presenza simultanea, all'interno della società, di razze ed etnie diverse, è nato negli Stati Uniti, durante gli anni Sessanta del secolo scorso, e, in seguito, si è diffuso, per un processo indotto, negli altri Paesi, soprattutto occidentali. La parola "multiculturalismo", essendo, in verità, un neologismo, non è un termine facilmente rintracciabile nella ricerca sia sociologica sia antropologica.

Nella società italiana, ad esempio, esso incomincia a essere presente e ad affermarsi, con dinamiche particolari, solo negli anni Ottanta. Il cammino verso le società "multiculturali" non è stato facile; esso si è affermato ma il percorso è stato lungo e tortuoso. Già, negli anni Venti del Novecento, dopo la vittoria militare, ottenuta nella prima guerra mondiale, la società americana, assumendo un ruolo internazionale, ha incominciato a sentire il bisogno di aprire le frontiere al fenomeno immigratorio, soprattutto nei confronti dei popoli europei. Nasce, così, una filosofia del "pluralismo culturale", che s'accentua nel ritenere che il diversificarsi e l'articolarsi delle società rappresentino una ricchezza. Fino agli anni Sessanta del secolo scorso, negli Stati Uniti, la maggioranza della cultura dominante ha, con la "segregazione razziale", sempre tentato di emarginare o addirittura di segregare i valori e le tradizioni delle varie minoranze.

La cultura, anche etnica, non deve, comunque, essere confusa con un gruppo razziale, giacché, mentre questo oggettivamente è impalpabile, se non per chi, a livello soggettivo o per pregiudizio, lo percepisce e lo decanta, quella è prodotta e diffusa attraverso l'attività personale e creativa. Il pregiudizio risponde, infatti, alle leggi insite nella natura umana e cambia con difficoltà. La cultura, invece, possedendo un'essenza dinamica, è soggetta a una natura variabile. Ritornando al multiculturalismo, questo è un concetto che si qualifica come una prerogativa culturale e implica il pluralismo. Nel dibattito europeo sul "multiculturalismo" è stato pensato, per salvaguardare le diversità culturali e i diritti fondamentali delle minoranze, di organizzare una società a "mosaico". Questa, da un lato, potrebbe essere una prospettiva adeguata, affinché le minoranze non siano discriminate, e, dall'altro, potrebbe prefigurare, producendo un forte relativismo culturale, una struttura sociale, suddivisa in gruppi "monadi".

Le società devono, però, considerare, per giustificare l'interscambio culturale, non solo la multiculturalità, ma anche l'interculturalità. Il primo termine non implica, all'interno di una società, il processo d'interazione, ma soltanto la presenza simultanea di varie culture; il secondo, invece, indica, in modo particolare, un processo d'interscambio culturale e sottintende l'idea di una continua trasformazione.

La presenza simultanea e l'incontro di culture diverse producono sicuramente tra gli uomini sia interscambi di esperienze diverse sia conoscenze, atte a rappresentare l'humus per la crescita sociale e per l'acquisizione dell'identità etnica. Non potrebbe mai emergere in un uomo, pur essendo un suo diritto naturale, l'identità culturale ed etnica senza il riconoscimento delle identità degli altri, che, in modo dinamico e interattivo, sono presenti nelle società.

Oggi, alle nuove generazioni, immerse nella società "liquida" e globale, serve un'educazione interculturale, che è, prima di tutto, relazionale; questa si propone, per definizione, di valorizzare i rapporti tra gli elementi costitutivi delle diverse culture, che tendono a raggiungere l'obiettivo della condivisione e a prospettare l'ospitalità per il rispetto della diversità. Anzi, l'educazione interculturale è pensata come strumento di arricchimento personale. Il primo punto, nell'affrontarla è quello di fissare il concetto d'intercultura, che non deve essere confuso con quello del processo immigratorio, perché in alcune società, come ad esempio, in Italia, esiste anche l'emigrazione.

Anzi, nel mondo di oggi, globalizzato, hanno luogo scambi di idee, di esperienze e di emozioni tra luoghi molto diversi e distanti, attraverso i mass media (Internet, TV, cinema, musica, telefonia e network), che offrono addirittura una maggiore influenza sull'esperienza degli stessi dislocamenti dei migranti. Il concetto d'intercultura, inoltre, dischiude una prospettiva opposta a quella multiculturale. Questa individua le diversità culturali e si pone su un'idea cristallizzata ("reificata") di "cultura". La prospettiva interculturale rigetta, invece, l'idea che le culture siano rigide, statiche e compatte, perché rappresenta delle narrazioni non solo condivise ma anche divergenti e conflittuali.

Kofi Annan, ex segretario generale dell'ONU, ha affermato che il termine "diversità" ha l'accezione di non essere "l'uguale né il simile, ma sicuramente il contrapposto all'identico". In questa prospettiva, l'intercultura pone i soggetti di fronte alla scelta di regolare i legami con le nuove culture in termini d'impegno reciproco, di relazioni e di messa in gioco "bilaterale". Tutto ciò pone l'esigenza di costruire, a livello epistemologico, una cultura, che, basata sull'educazione interculturale, richieda, a livello scolastico, una forte assunzione di responsabilità. L'intercultura non può restare a livello di buone intenzioni, ma deve fondarsi su percorsi formativi e su procedure educative, atte a infondere nei giovani le specificità per renderla una pratica di vita vissuta.

Nei Paesi europei, considerati, oggi, come meta abituale di spostamenti di popolazioni, si è, già da alcuni anni, aperto un ampio dibattito sull'utilità o meno d'introdurre nelle scuole un nuovo orientamento "interculturale", come quello dell'inclusione; ciò allo scopo di favorire l'accoglienza e il rispetto delle diversità, attraverso la quotidiana ricerca del dialogo. La sfida delle scuole consiste nel riconoscimento, nello studio e nel valore da attribuire alla diversità, interpretandola, quando s'interpone tra differenti culture, come una risorsa.

Una società interculturale deve puntare su istituzioni in grado di fornire strategie educative con cui le nuove generazioni si rafforzino sia dal punto di vista culturale sia dal punto di vista umano, attraverso le esperienze che emergono attraverso l'incontro anche in contesti extrascolastici con i soggetti stranieri. Si pongono, così, alla base di ogni intervento educativo dei principi, anche esplicitamente etici, che riguardano l'insieme dei valori umani, riconosciuti, accettati e garantiti, a livello internazionale; a tal proposito, già operano strutture e organismi che sono preposti non solo al loro riconoscimento e sostegno ma anche alla loro difesa.

La Dichiarazione universale dei diritti umani (ONU, 1948) è, ad esempio, il primo punto di riferimento per le politiche formative, che, nelle attuali società, valorizzano, in maniera positiva, la diversità, non valutandola più come un impedimento alla formazione, ma vivendola come una fonte e una risorsa per la crescita personale e sociale. La scuola può, in tal modo, essere pensata come un laboratorio per un efficace confronto tra le diverse visioni del mondo e come un'opportunità d'interazione per un arricchimento culturale, diretto a tutti.

Il problema della cittadinanza, in una società interculturale, rende inevitabile un'intesa per ridurre i conflitti "identitari" e risolverli pacificamente. Deve, dunque, venir fuori un patto, atto ad attuare una nuova comunità politica, basandola, in senso kantiano, sul federalismo e non sui presupposti, su cui, in genere, si pongono le basi delle identità nazionali. In un'istituzione scolastica, possono, sotto la voce "interculturalità", trovare spazio e collocazione anche le problematiche attinenti all'integrazione degli immigrati, all'educazione per la mondialità, alla mobilità studentesca internazionale, agli scambi, agli stage nei Paesi esteri e ai viaggi d'istruzione.

Con un'attività di educazione e di formazione interculturale si possono, pertanto, acquisire:

- competenze specifiche nelle lingue straniere e nelle altre discipline, che sono comprese nel piano di studi della scuola;

- competenze trasversali, come metodo di studio autonomo, ricerca bibliografica e produzione di testi differenziati;

- competenze informatiche;

- crescita culturale, come percezione di una maggiore curiosità e apertura mentale;

- capacità di fronteggiare momenti di turbamento, imposti per le diversità degli schemi culturali di riferimento sia attivando l'ascolto e la sospensione del giudizio sia mettendo in atto la negoziazione, la mediazione, il contraddittorio e l'accettazione di tempi, di stili e di valori, vissuti nella diversità;

- abilità di apprendere dall'esperienza, prendendo a modello e integrandosi con gruppi diversi;

- predisposizione nel trasmettere esperienze ad altri;

- acquisizione di capacità critiche per quanto concerne il relativismo culturale nei confronti degli stereotipi.

Le istituzioni scolastiche devono, oggi, rispondere adeguatamente e consapevolmente alle richieste formative della nuova e complessa società, soggetta a un continuo cambiamento. Bisogna impiegare strumenti pedagogici e didattici, atti a sorreggere l'impegno e la professionalità dei docenti che intendono ottenere il massimo rendimento dagli allievi e promuovere in loro una forma mentis predisposta ad ampliare le capacità riflessive e operative del pensiero.

L'accountability e la comunicazione nella società complessa

L'accountability fa, nel campo della governance, riferimento all'obbligo per un soggetto di rendicontare le proprie azioni e decisioni per i risultati raggiunti. I presupposti dell'accountibility sono, perciò, la responsabilità, anzi la responsabilizzazione, la trasparenza e la conformità o osservanza. Quest'ultima ha come punto di riferimento il rispetto delle norme; la conformità, di conseguenza, da un lato, garantisce la legalità e, dall'altro, uniforma i comportamenti umani agli standard fissati dalle leggi, dai regolamenti, dalle linee guida etiche o dai codici di condotta.

La trasparenza è, invece, intesa come una possibilità di accedere alle informazioni riguardanti ogni aspetto dell'organizzazione (ad esempio, gli indicatori della gestione e la predisposizione del bilancio e degli strumenti di comunicazione, atti a rendere visibili le decisioni, le attività e i risultati). Sotto questi aspetti, l'accountability si può anche circoscrivere all'obbligo di un soggetto di chiarire e di motivare il proprio comportamento. Essa è, in ogni modo, per un'organizzazione complessa, la capacità d'identificare un utente e d'individuarne le azioni e il comportamento, che egli svolge all'interno di un sistema flessibile e articolato. Nello svolgersi dell'accountability, tale funzione è supportata dall'audit delle tracce e dal sistema di autenticazione; è, per questo, che ogni controllo si basa sulla concezione che il soggetto è responsabile delle azioni che attiva all'interno di un'organizzazione.

La gestione di una struttura complessa richiede, per mezzo del governo delle performance, un controllo, che è valutato pienamente attendibile quando vige un continuo dialogo con l'utenza. È, infatti, importante, per condividere la conoscenza e per accrescere il capitale umano, rendicontare, in maniera adeguata, non solo i risultati delle analisi compiute ma anche gli effetti di quanto viene acquisito. Il controllo è, dunque, il primo punto di domanda in cui si manifesta la determinazione di procedere verso equilibri migliori. Una gestione che è responsabile, a livello collettivo, e che è aperta nei confronti dei diversi stakeholder (interlocutori), implica un impegno non solo per la trasparenza ma anche per la comunicazione e per ogni forma di coinvolgimento.

Un processo di reporting, quando è concretamente avviato al miglioramento ed è costruito sia sul monitoraggio delle attività sia sulla comunicazione corretta dei risultati e sull'assunzione di responsabilità, non può trascurare lo scambio con le parti. In più interviene, per rendere comprensibile gli esiti della gestione, il bilancio sociale, come report complessivo; tale bilancio si fonda sui percorsi di valutazione dei risultati e prescrive il percorso verso il miglioramento, includendo la prospettiva degli stakeholder stessi. Far conoscere la propria attività agli stakeholder è, per un'assunzione di responsabilità, compito dell'accountability.

La customer satisfaction

La customer satisfaction è un insieme di metodi e di modelli di ricerca; tali metodi e modelli si sono sviluppati negli anni Novanta del Novecento principalmente nell'ambito delle attività di mercato, allo scopo di rilevare il grado di soddisfazione dei clienti, come misura della qualità di un prodotto o di un servizio. Il termine, spesso impiegato nel marketing, rappresenta, dunque, un'analisi per stabilire in che modo i prodotti e i servizi di un'azienda o di un'amministrazione sono apprezzati dalla clientela.

La customer satisfaction è, complessivamente, definita come il numero o la percentuale complessiva dei clienti, la cui esperienza con un'azienda o con un'organizzazione, con i suoi prodotti o con i suoi servizi, supera (rating) gli obiettivi di soddisfazione indicati. Essa è, dunque, la capacità di dare risposta adeguata ai bisogni di quei soggetti maggiormente esigenti, meglio informati e portatori di interessi sempre nuovi; la customer satisfaction rappresenta una delle priorità e delle sfide maggiori, affinché le amministrazioni pubbliche si trasformino. Il bisogno non è esclusivamente di avere servizi di qualità, ma anche quello di recuperare la fiducia dei cittadini e di legittimare socialmente l'attività pubblica.

Lo strumento più adeguato, per misurare un bisogno, è certamente l'indagine fatta attraverso la customer satisfaction; perciò, questa è, oggi, una metodologia diffusamente impiegata sia nel settore privato sia nelle amministrazioni pubbliche. Una fondamentale importanza, per comunicare efficacemente nell'attività aziendale o di un'amministrazione, viene assunta dal ruolo del marketing, che è l'insieme delle azioni e delle politiche messe in atto da un'organizzazione complessa sia per soddisfare i bisogni, i desideri, le esigenze degli utenti sia per generarne la domanda. Il termine deriva dall'inglese "to market" (commercializzare, vendere); non bisogna, tuttavia, identificare il marketing con l'attività di vendita. Anzi, le logiche di marketing e quelle di vendita sono diametralmente opposte.

Attraverso l'attività di vendita, un'azienda concentra tutte le sue attenzioni su quello che deve vendere e cerca di spingere, con un adeguato supporto commerciale, il consumatore ad acquistare un volume sempre maggiore di beni. Con l'attività di marketing, invece, tutte le funzioni di un'organizzazione aziendale, soprattutto quelle legate ai servizi, sono rivolte ai desideri e ai bisogni degli utenti.

La strategia del marketing è, pertanto, quella della massimizzazione del volume di utilizzazione di un servizio. Oggi, le organizzazioni aziendali, che si trovano nella fase contraddistinta non più dalla scarsità dei beni e dei servizi, devono dare risposte nuove e tempestive agli utenti; è per tale motivo che, attraverso il marketing, le organizzazioni complesse mettono in primo piano l'utente (customer satisfaction) e, quindi, cercano di soddisfarne, attraverso un servizio, le esigenze, monitorandole, periodicamente, con sondaggi di opinione. Si può affermare, semplificando, che i servizi devono corrispondere alle esigenze dei beneficiari e degli utenti. Nessuna attività di un'organizzazione complessa può, pertanto, fare più a meno del marketing, inteso come moderna capacità organizzativa e direzionale, per consentire a qualsiasi istituzione dinamicità e flessibilità rispetto al mercato. Esso è ormai diventato non solo uno strumento operativo, ma anche una nuova ed efficace forma di comunicazione tra l'intera organizzazione e gli utenti.

Le attività di marketing sono tradizionalmente suddivise in ambiti, vale a dire analitico, strategico e operativo. Il marketing analitico è lo studio o analisi del mercato, della clientela. dei concorrenti e della propria realtà aziendale o organizzativa. Quello strategico è l'insieme delle attività di pianificazione, tradotte in pratica da un'organizzazione complessa, per ottenere, pur privilegiando l'utente, la fedeltà e la collaborazione da parte di tutti gli attori (utenti, clienti, concorrenti, dipendenti, sindacati, istituzioni, azionisti e così via).

Il marketing operativo attiene, invece, a tutte quelle scelte, che l'organizzazione pone in essere per raggiungere i suoi obiettivi. Occorre, infatti, dopo aver definito i propri obiettivi, decidere in che modo si vuole impostare materialmente la propria organizzazione e la propria attività di servizio; bisogna, inoltre, rendere, tra l'altro, comprensibile quali leve promozionali s'intende predisporre. Il marketing è, quindi, un processo che, prendendo le mosse dai bisogni e dai desideri dell'utente, individua un servizio appropriato, per soddisfarli; ne verifica l'idoneità e ne definisce la modalità di ripartizione distributiva, il valore, i mezzi e i tempi. Il processo di marketing può essere, in realtà, rappresentato nel modo seguente: il primo passo, per un'organizzazione complessa, che decide di servirsi delle logiche di marketing, è quello di conoscere se stessa e, in seguito, l'ambiente in cui opera. Quest'ultimo può rappresentare, nello stesso tempo, criticità e opportunità per lo sviluppo della stessa organizzazione. Il marketing opera, infine, attraverso una pianificazione della propria strategia a livello corporate-aziendale, elaborando un piano, diviso in fasi, vale a dire:

- introduzione (sintesi manageriale, ovvero executive summary e macro-obiettivi);

- analisi della situazione di marketing (situazione su ciò che accade all'esterno e all'interno dell'organizzazione);

- swot analysis (verifica e controllo dei fenomeni esterni da sfruttare o arginare, per ottenerne un vantaggio competitivo);

- planning (definizione e descrizione dei traguardi di azione, per controllare le perfomance di marketing);

- controlli di marketing (spazio riservato alle previsioni economico-finanziarie, in altre parole al budget).

Le tecniche di fidelizzazione e il customer care

Le organizzazioni complesse devono, accanto alle strategie competitive e di sviluppo, porre in essere, nella società globale, adeguate tecniche di fidelizzazione per non lasciarsi sfuggire e, quindi, preservare gli utenti già consolidati. Nella strategia di fidelizzazione la comunicazione può avere due obiettivi, in altre parole richiamare la presenza della tradizionale marca attraverso forme di pubblicità di mantenimento e/o impedire l'invecchiamento della stessa mediante "lifting" pubblicitari e riposizionamento del brand in chiave pubblicitaria; queste sono azioni che contribuiscono notevolmente al riposizionamento complessivo dell'organizzazione imprenditoriale e della sua immagine.

Le organizzazioni aziendali e le amministrazioni pubbliche puntano molto, oggi, sulle tecniche di fidelizzazione. Un cliente o utente ben accolto e soddisfatto normalmente ritorna ad acquistare gli stessi prodotti e a utilizzare gli stessi servizi. Riuscire, perciò, a realizzare la fidelizzazione consente all'attività di avere un concreto ritorno non solo d'immagine ma anche d'investimento nel medio e nel lungo periodo. Gli operatori sanno, poi, che l'acquisizione di nuovi clienti e utenti costa molto di più che curare e conservare la vecchia clientela e utenza. Secondo alcuni studi procacciarsi un nuovo cliente costa cinque volte di più che conservare chi già possiede un'immagine positiva dell'organizzazione o dell'azienda. La capacità di fidelizzare diventa, allora, fondamentale per le organizzazioni aziendali e per le amministrazioni pubbliche.

Le tecniche vincenti per raggiungere obiettivi efficaci, nella strategia della fidelizzazione, sono:

- possedere le basilari tecniche di comunicazione;

- dare risposte valide alle esigenze di personalizzazione della clientela e dell'utenza;

- garantire una qualità effettiva dei prodotti e dei servizi;

- offrire vantaggi ai clienti e agli utenti;

- organizzare su Internet un sito pratico e funzionale nell'offrire alla clientela o all'utenza informazioni, atte a catturarne l'interesse e a soddisfarne i bisogni.

Tra i vantaggi e i supporti tecnici che le organizzazioni complesse possono mettere a disposizione dei clienti e degli utenti c'è il customer care. Questo è un servizio di assistenza alla clientela e all'utenza prima, durante e dopo l'acquisto di un prodotto o l'utilizzo del servizio. Si tratta di una tecnica che permette di ottimizzare il rapporto della clientela o dell'utenza con l'organizzazione o con l'amministrazione. Il "customer care", come tecnica, mette in moto alcuni precisi processi per rendere la clientela o l'utenza soddisfatta dei prodotti o dei servizi che vengono commercializzati o forniti.

I principali fattori coinvolti in tale meccanismo sono:

- la compatibilità tra il prodotto o il servizio e il pubblico;

- la qualità del prodotto o del servizio percepita prima della vendita o del servizio fornito e vissuta realmente dopo l'acquisto del cliente o l'impiego dell'utente;

- l'efficienza e l'affidabilità nell'assecondare la clientela o l'utenza con gli ordini o servizi;

- un rapporto tra la qualità e il valore, che deve corrispondere alle aspettative della clientela o dell'utenza;

- un'informazione corretta sui prodotti e un buon livello di feedback;

- la capacità di comprendere i bisogni degli utenti e di gestirne efficacemente i reclami;

- la realizzazione e l'attuazione, attraverso tecniche appropriate, dei programmi di fidelizzazione della clientela o dell'utenza.

Il "customer care", quando è riferito all'e-commerce, è detto "customer service". L'uno e l'altro si servono, di solito, di tre strumenti, vale a dire: telefono, e-mail e strumenti on-line. Il telefono è il più vecchio strumento impiegato nel "customer care o service". Permette un contatto diretto e intersoggettivo tra la clientela o utenza e il venditore o fornitore. Il telefono è, poi, un mezzo importante per risolvere problemi e incomprensioni tra gli utenti e l'organizzazione. Esso ha, però, lo svantaggio di costi onerosi che logicamente vanno a ricadere sulla politica dei prodotti o servizi.

Oggi, all'interno delle tecniche di "customer care" o "customer service" è diffusa anche l'e-mail che ha acquisito una certa importanza. Questa ha il vantaggio di costi bassi (un solo operatore può soddisfare le esigenze e gestire contemporaneamente molte richieste). La posta elettronica ha, in realtà, quasi del tutto sostituito il telefono. Altri strumenti on-line, impiegati nel "customer care" o "customer service" sono: le FAQ (Frequently Asked Questions), le chat-line e i forum.

La self-leadership o la leadershare

La self-*leadership* si qualifica in base all'approccio teorico. Essa, il senso più generale, è considerata come una relazione sociale che si realizza in un particolare contesto che esige scelte di principio e di comportamento.

Nelle organizzazioni complesse, di norma, ci sono due stili di leadership contrapposti:

- uno stile che si concentra soltanto sui risultati - autocratico o paternalistico, che ordina o persuade i suoi dipendenti -;

- uno stile, che coinvolge tutti per il miglioramento dei processi e il raggiungimento degli obiettivi previsti (democratico e consultivo).

La contrapposizione di leadership è stata superata nel 1964 da Robert Blake *e* Jane Mouton, che invece propongono:

la preoccupazione per le persone, indicando il grado in cui un leader considera le esigenze dei membri del gruppo, i loro interessi e il loro sviluppo personale;

preoccupazione per la produzione, indicando il livello di enfasi che il leader pone su obiettivi, efficienza organizzativa e produttività.

Blake e Mouton indicano cinque modelli di leadership, che mettono in stretta correlazione entrambi gli stili:

il modello autoritario/aggressivo

esige che ogni cosa venga realizzata alla sua maniera;

predilige parlare piuttosto che ascoltare;

è disinteressato alle opinioni degli altri;

assume comportamenti aggressivi quando si sente sfidato;

è tenace nel portare a termine tutto quello che inizia a fare;

verifica, monitora e controlla direttamente il personale dipendente.

il modello sollecito

è preoccupato per ogni interazione umana;

predilige mettersi a disposizione di tutti e vuole piacere al prossimo;

si sottrae agli scontri aperti e, nei momenti di difficoltà e di conflitto, cerca di calmare gli animi anche con lusinghe;

pretende e si impegna per un ambiente scolastico sereno e appagato;

magnifica ogni forma di successo anche con l'adulazione;

è incurante delle disattenzioni e delle prestazioni non adeguate degli altri;

predilige il management corale e collettivo;

è premuroso e sollecito.

il modello motivazionale

si mette d'accordo sugli obiettivi con l'intento di acquisirli;

controlla e si accerta delle prestazioni in rapporto agli obiettivi;

appoggia e aiuta tutti nel ricercare soluzioni alle prestazioni che non risultano adeguate;

affronta ogni problema con ordine e tranquillità;

condivide e valuta tempestivamente i piani d'intervento;

motiva tutto il personale nelle decisioni che intraprende;

delega con facilità e a tempo opportuno gli altri;

assume impegni e prende decisioni quando è opportuno e nel modo giusto.

l modello amministrativo

opera seguendo regole prestabilite;

è un tradizionalista;

è attendibile e credibile;

è preciso piuttosto che creativo.

il modello passivo o politico

Lo **stile di leadership passivo o politico** è caratterizzato da una dirigenza che ritiene di essere frustrata e disillusa e, perciò, non rivolge l'attenzione verso gli altri né l'interesse verso i risultati da raggiungere. Si ha, quindi, un comportamento passivo o politico. Ogni **Dirigente scolastico** con il comportamento passivo:

agisce e fa solo quello che gli viene richiesto;

è contrario ad ogni tipo di cambiamento;

risulta negligente quando non viene monitorato e controllato;

rimprovera tutti i dipendenti e collaboratori, accusandoli di aver prodotto condizioni inaccettabili.

Il Dirigente scolastico con il comportamento politico, è, invece, caratterizzato da:

una continua disapprovazione e un'accurata disamina;

un meticoloso interesse e una particolare attenzione agli errori commessi dagli altri;

una perseverante e preoccupata apprensione.

La leadershare nella conduzione delle organizzazioni complesse

Oggi, però, per governare le scuole, come organizzazioni complesse, bisogna promuovere la leadershare. Questa è una leadership dinamica, circolare e legata al contesto. La leadershare è una modalità per il Dirigente scolastico di immaginarsi, all'interno di un'istituzione scolastica, come un soggetto in possesso di un'elevata competenza, che lo mette nelle condizioni di modellare bene le strategie per organizzarsi, per operare, per prendere decisioni e per assumere e dividere ruoli e responsabilità; inoltre, con il contributo di ognuno e di tutti, deve diventare, attraverso la consapevolezza e una possibile comprensione della complessità, costruttore di senso e di orizzonti ideali.

La leadershare si basa su tre dimensioni delle attività di lavoro:

1. auto-guida (Leading self);

2. organizzazione di spicco, di primo piano o di punta (Leading organization);

3. sistema di punta, di spicco o di primo piano (Leading system).

La leadershare, all'interno delle organizzazioni complesse, può essere attivata in sei aree:

sul collegio dei docenti, che, superando la centralità del leader, deve essere posizionato al centro di ogni azione educativa, organizzativa e didattica;

sui gruppi di lavoro, che, come struttura organizzativa, devono essere temporanei e flessibili,superando la gerarchia rigida dell'organizzazione all'interno delle istituzioni scolastiche;

sui processi decisionali distribuiti, superando quelli centralizzati;

sui gruppi operativi responsabilizzati e auto-organizzati, superando le responsabilità attribuite e assegnate.

sull'informazione trasparente e condivisa, superando quella sui silos di dati fissi in archivio o sotto il controllo istituzionale.

La scuola, come organizzazione complessa, è soggetta a una continua trasformazione; essa, vivendo, perciò, nella complessità, guidarla e svilupparne i presupposti e le funzioni per il successo di tutti e di ciascuno non è semplice o complicato, ma complesso.

Per comprendere, monitorare e guidare la complessità è, allora, necessario individuare e riconoscere i paradigmi, che la contraddistinguono. Nei gangli della società complessa si possono schematicamente riscontrare:

le azioni elettive e aperte;

l'istituzionalizzazione del cambiamento;

le strategie di direzione;

il presente come equilibrio dinamico tra il passato e il futuro;

la crisi degli status sociali e dei ruoli;

le conoscenze e le competenze per governare il cambiamento;

la insufficiente pretesa dell'impostazione galileiana;

il metodo scientifico – analitico non permette di giungere alle conoscenze;

la "certezza cartesiana" è insufficiente per conoscere;

i percorsi "lineari" non fanno pervenire a verità definitive;

la complessità come sfida e non come non soluzione;

il percorso come processo aperto e dialogico;

l'elemento della complessità è l'incertezza;

la ricerca è senza bussola e orizzonte;

è impossibile programmare scoperte, conoscenze e azioni;

la necessità di imparare a muoversi nell'indefinito, nell'imprevisto, nel verosimile e nell'impensato.

Governare un'organizzazione complessa, come la scuola, è, per un Dirigente scolastico, un compito estremamente impegnativo ma necessario per garantire ad ogni allievo il successo formativo, come recita l'articolo 1 del D.P.R. n. 275/1999, e assicurare la gestione unitaria e la qualità dei processi formativi della scuola che dirige (art. 25, commi 2 e 3 del D. lgs. n. 165/2001).

Il Dirigente scolastico assicura la gestione unitaria dell'istituzione, ne ha la legale rappresentanza, è responsabile della gestione delle risorse finanziarie e strumentali e dei risultati del servizio. Nel rispetto delle competenze degli organi collegiali scolastici, spettano al Dirigente scolastico autonomi poteri di direzione, di coordinamento e di valorizzazione delle risorse umane. In particolare, il Dirigente scolastico, organizza l'attività scolastica secondo criteri di efficienza e di efficacia formative ed è titolare delle relazioni sindacali.

Nell'esercizio delle competenze di cui al comma 2, il Dirigente scolastico promuove gli interventi per assicurare la qualità dei processi formativi e la collaborazione delle risorse culturali, professionali, sociali ed economiche del territorio, per l'esercizio della libertà di insegnamento, intesa anche come libertà di ricerca e innovazione metodologica e didattica, per l'esercizio della libertà di scelta educativa delle famiglie e per l'attuazione del diritto all'apprendimento da parte degli allievi.

Il diritto comunitario e i Dirigenti scolastici nell'Unione europea

Nella società globale, i dirigenti scolastici europei viene richiesto di fare fronte a numerosi compiti, compresa non solo la gestione degli insegnanti ma anche quella dei fondi e dell'offerta formativa. E' necessario, pertanto, per selezionare le persone giuste, una miriade di criteri; uno di questi è, in quasi tutti i Paesi europei, l'esperienza da insegnante, diversificando il numero di anni da tenere in considerazione. A tale criterio se ne aggiungono altri, come, ad esempio: in Grecia, in Lituania e in Turchia l'esperienza amministrativa; in Lituania la gestione manageriale e di comando; in Belgio (nelle comunità di lingua francese e tedesca), nella Repubblica Ceca, in Spagna, in Francia, in Austria, in Polonia, in Slovenia, in Slovacchia e in Liechtenstein, periodo d'insegnamento e formazione speciale; in Slovenia, il possesso del titolo di "adviser" o di "counsellor" , vale a dire di consigliere per l'orientamento degli studenti o "mentore" per almeno 5 anni.

Gli ideali traditi in Europa

L'Unione europea (Ue) è ormai una realtà composta da 28 Paesi, indipendenti e democratici. Essa è tendenzialmente orientata a includere tutti gli Stati della vecchia Europa ed è un soggetto giuridicamente intergovernativo e sovranazionale. Il termine Unione europea, che subentra a quello di Comunità, viene usato, per la prima volta, nel 1992 con il Trattato di Maastricht. La costruzione dell'Ue è, dunque, avvenuta in un percorso di graduale adesione degli Stati membri.

La formazione di entità statali o parastatali, che abbraccia l'intero territorio dell'Europa, potrebbe risalire storicamente addirittura all'Impero Romano; nel procedere storico si può, poi, richiamare alla mente Carlo Magno, il Sacro Romano Impero e, in tempi più recenti, Napoleone. Tutte le vicende e le decisioni sono, però, animate, in ogni caso, da esigenze di conquista. Alla fine del Settecento, tale impostazione viene invertita dal filosofo Immanuel Kant, che, nel saggio Per la pace perpetua, prospetta ai popoli che fra gli Stati, per realizzare la pace, siano necessarie tre condizioni: una forma repubblicana di governo ("la costituzione civile di ogni Stato dev'essere repubblicana"), un federalismo internazionale ("il diritto internazionale dev'essere fondato su un federalismo di liberi Stati") e il dovere di ospitalità ("il diritto cosmopolitico dev'essere limitato alle condizioni dell'universale ospitalità").

In tale prospettiva, nell'Ottocento, Victor Hugo propone, per la prima volta, la riunificazione dell'Europa in un'unica "istituzione sovranazionale" sull'impronta di una proposta pacifica e disinteressata. Nello stesso periodo, anche gli italiani Mazzini, Cattaneo e Garibaldi gettano, in qualche modo, le fondamenta con i loro ideali e con le loro opere alla costruzione di un'Europa unita.

Garibaldi, in data 15 ottobre 1860, ha, in un famoso Memorandum alle Potenze d'Europa, scritto: "Non più eserciti, non più flotte; e gli immensi capitali, strappati di solito ai bisogni e alla miseria dei popoli per essere prodigati in servizio di sterminio, sarebbero converti- ti, invece, a vantaggio del popolo in uno sviluppo colossale dell'industria, nel miglioramento delle strade, nella costruzione dei ponti, nella (costruzione) dei canali, nella fondazione di stabilimenti pubblici, e nell'erezione delle scuole che (strapperebbero) alla miseria e all'ignoranza tante povere creature, che in tutti i paesi del mondo qualunque sia il loro grado di civiltà, sono condannate, dall'egoismo del calcolo e dalla cattiva amministrazione delle classi privilegiate e potenti, all'abbrutimento e alla prostituzione dell'anima".

Con tale Memorandum, l'eroe dei due mondi spinge i popoli europei a riflettere sul loro futuro. Nel Novecento, dopo i conflitti mondiali, diventa un punto di riferimento per gli europeisti il Manifesto di Ventotene, redatto da Altiero Spinelli, Eugenio Colorni ed Ernesto Rossi. Così, il francese Robert Schuman (il 9 maggio 1950) esplicita, con una dichiarazione a Parigi, su ispirazione di Jean Monnet, l'impegno di costituire un'Europa unita, anche se solo con riferimento alla nascita della Comunità europea del carbone e dell'acciaio (CECA). Il 18 aprile dell'anno successivo viene firmato, a tal proposito, il Trattato di Parigi da sei Stati (Belgio, Francia, Germania Ovest, Italia, Lussemburgo e Paesi Bassi), che fondano la CECA.

Nel 1952, gli stessi Stati istituiscono, poi, con un altro trattato, la Comunità europea della difesa, che nel 1954 viene bocciato dall'Assemblea nazionale francese e non è, così, entrato mai in vigore.

Nel 1955 si svolge, a Messina, un'importante Conferenza e, nel 1957 (25 marzo), viene finalmente istituita, con il Trattato di Roma, la CEE (Comunità economica europea); ne fanno parte gli stessi sei Stati del Trattato di Parigi.

Nel 1968 entra in vigore anche l'unione doganale. Altri Paesi europei incominciano, così, a guardare con favore alla Comunità economica europea e, nel 1973 (il primo gennaio), vi aderiscono la Danimarca, l'Irlanda e il Regno Unito. Poi, nel 1979, si compie un passo decisivo verso la democrazia in Europa, con l'indizione delle prime elezioni a suffragio universale del Parlamento europeo, che dura in carica cinque anni.

Nel 1981 aderisce alla CEE anche la Grecia. Gli Stati europei, diventati ormai dieci, fanno, nel 1983, una Dichiarazione solenne sull'Europa. Nel 1986 aderiscono anche gli Stati della penisola iberica (Portogallo e Spagna).

Nel 1990, dopo la caduta del muro di Berlino, l'unificazione tedesca ha, come conseguenza, l'adesione alla Comunità economica europea dell'ex Repubblica democratica della Germania dell'Est.

I Paesi che fanno parte della Comunità economica europea sono ormai dodici e, nel 1992 (il 7 febbraio) istituiscono, integrando la Comunità economica europea, con il Trattato sottoscritto a Maastricht, l'Unione europea (Ue), che entra in vigore il primo novembre dell'anno successivo. In tale Trattato si sostituisce, quindi, la denominazione della Comunità economica europea in "Unione europea" e si riuniscono, in un'unica cornice dell'Ue, le tre Comunità preesistenti: Euratom, CECA e CEE. Si creano, così, i tre "pilastri" dell'Unione europea:

- il primo è inerente al mercato unico e all'unione economica e monetaria;

- il secondo tratta la costruzione di una politica unica dell'Ue verso l'esterno (politica estera e di sicurezza);

- il terzo poggia sull'esigenza di costruire, in Europa, uno spazio comune di libertà, di sicurezza e di giustizia, attraverso una collaborazione, a livello sovranazionale, contro la criminalità (Cooperazione giudiziaria e di polizia).

Nel 1995 aderiscono all'Unione europea altri tre Stati (Austria, Finlandia e Svezia).

Il Trattato di Maastricht e l'avvento dell'euro

L'obiettivo più importante stabilito con il Trattato di Maastricht è la graduale introduzione dell'euro nei Paesi membri. Già nel 1971, i sei Stati della CEE approvano la relazione   e il principio di istituire l'UEM in fasi diverse. Nello stesso anno, dopo il crollo del sistema di Bretton Woods, gli Stati Uniti d'America decidono che il dollaro debba fluttuare liberamente e ciò rende instabili i mercati dei cambi. Questo fatto provoca, mettendo in discussione la parità tra le monete europee, imbarazzo e insicurezza nei Paesi delle CEE e, perciò, il processo dell'unione economica e monetaria subisce una battuta di arresto.

Nel 1972, si cerca, tuttavia, di rilanciare il progetto e si crea tra i Paesi della Comunità economica europea un meccanismo di fluttuazione concertata delle monete, all'interno di margini delimitati rispetto al dollaro (serpente nel tunnel). La successiva crisi del petrolio e la debolezza del dollaro non permettono a tale meccanismo di reggere. Alcuni Paesi ne escono e si forma la cosiddetta zona "marco" (Germania, Benelux e Danimarca).

Nel 1979, per iniziativa della Francia e della Germania, si crea il sistema monetario europeo (SME), che si fonda sul concetto che i tassi di cambio, pure se adattabili, devono essere fissi. Il meccanismo dello SME ha, come principio, quello di fissare i tassi di cambio su quelli centrali, che vengono determinati in funzione dell'unità di conto europea (European Currency Unit). L'unità di conto europea (ECU) rappresenta la media ponderata delle monete partecipanti ai tassi di cambio.

Le fluttuazioni tra tali monete, tranne la lira cui viene accordato un margine del 6%, non possono superare il margine di 2,25%. In dieci anni il sistema economico e monetario europeo riesce, così, a ridurre, in maniera sostanziale, la variabilità dei tassi di cambio. La flessibilità del sistema e una politica accorta nel far convergere le economie rendono il sistema monetario europeo stabile e solido.

Nel 1985 si arriva ad adottare, in Europa, il mercato unico. Alcuni economisti incominciano, però, a denunciare che, nei Paesi della CEE, la stabilità dei cambi è incompatibile con la libera circolazione dei capitali e con le politiche monetarie dei singoli Stati. Intanto a Hannover, il Consiglio europeo, istituisce, nel 1988, un "Comitato per lo studio dell'Unione economica e monetaria", che viene presieduto dal Presidente della Commissione europea, Jacques Delors. Fanno parte del "Comitato" gli esponenti di massimo livello delle rispettive Banche centrali di ogni Stato membro. La relazione viene redatta e presentata, nell'aprile del 1989; in essa il comitato propone di realizzare l'Unione economica e monetaria, attraverso il miglioramento delle politiche economiche, la normalizzazione, nei singoli Paesi, dei disavanzi dei bilanci e l'istituzione di un'autonoma Banca centrale europea (BCE), cui affidare la politica monetaria dell'Unione.

Nel giugno del 1989, il Consiglio europeo, riunitosi a Madrid, decide di attuare, in base alla relazione "Delors", la liberalizzazione integrale, dal primo luglio del 1990, dei movimenti dei capitali. A dicembre dello stesso anno, a Strasburgo, il

Consiglio chiede e ottiene, per individuare le revisioni necessarie alla realizzazione dell'UEM, la convocazione di una Conferenza intergovernativa, i cui lavori confluiscono nel Trattato sull'Unione europea, approvato, a Maastricht nel 1991, dal Consiglio europeo e sottoscritto nel febbraio del 1992.

Nel Trattato s'ipotizza di attuare l'Unione economica e monetaria dell'Europa in tre fasi, in altre parole:

- realizzare pienamente la libera circolazione dei capitali tra i Paesi membri, nella prima fase (1° luglio 1990 - 31 dicembre 1993);

- attuare una direzione comune delle politiche economiche e una stringente cooperazione tra le banche nazionali dei singoli Stati membri. A tal proposito, con l'esigenza di rafforzare la cooperazione tra le banche centrali e di rendere concreti i preparativi per introdurre la moneta unica, s'istituisce l'Istituto monetario europeo (IME). In questa seconda fase (1° gennaio 1994 - 31 dicembre 1998), il risultato che si ottiene è positivo, perché le banche centrali acquisiscono piena autonomia nei Paesi membri. È importante, tuttavia, per soddisfare i criteri di convergenza, indispensabili per adottare l'euro, che anche la direzione comune delle politiche economiche si realizzi;

- favorire e governare, nei singoli Stati membri, la graduale introduzione dell'euro, come moneta unica, e, nello stesso tempo, attuare una politica monetaria comune, sotto il controllo e la responsabilità della Banca centrale europea (BCE), subentrata all'IME.

Il trattato di Amsterdam, gli "Accordi" di Schengen e il trattato di Nizza

Il Trattato di Amsterdam rappresenta un approccio di riforma delle istituzioni europee prima che venisse avviato l'allargamento dell'Unione europea. Esso viene sottoscritto dagli allora 15 Paesi dell'Ue il 2 ottobre del 1997 ed entra in vigore il primo maggio del 1999. Nel Trattato di Amsterdam viene rafforzata, con nuove disposizioni politiche di libertà e di sicurezza, l'unione politica; non si riesce, però, durante i lavori, a riformare adeguatamente le istituzioni in vista dell'allargamento dell'Unione ai nuovi Paesi dell'Est.

A giugno del 1999, in alcuni Stati (Benelux, Francia, Germania, Portogallo e Spagna), entrano in vigore gli "Accordi" della Convenzione di Schengen (trattato che coinvolge Stati membri dell'Unione europea e Stati terzi; esso, pur nato al di fuori della normativa Ue, viene adattato e integrato ai Trattati di Maastricht e di Amsterdam).

La Convenzione di Schengen viene redatta in base alla Dichiarazione universale dei diritti umani del 1948, che al primo articolo recita: "Tutti gli esseri umani nascono liberi ed eguali in dignità e diritti. Essi sono dotati di ragione e di coscienza e devono agire gli uni verso gli altri in spirito di fratellanza". Gli "Accordi" sono sottoscritti a Schengen, cittadina del Lussemburgo, nel 1985 da 5 Stati membri della CEE (Belgio, Francia, Germania, Lussemburgo e Paesi Bassi).

La Convenzione viene, poi, firmata nel 1990 ed entra in vigore nel 1995. In seguito aderiscono agli "Accordi" numerosi altri Stati (l'Italia incomincia a farne parte dal 1990). Attualmente fanno parte dello spazio "Schengen" circa trenta Paesi europei. Gli obiettivi principali che gli "Accordi" di Schengen intendono realizzare sono:

- la revoca dei controlli organizzati delle persone alle frontiere interne dello spazio "Schengen";

- l'aumento dei controlli alle frontiere esterne dello spazio "Schengen";

- la collaborazione fattiva delle forze di polizia;

- il coordinamento degli Stati nella lotta alla criminalità organizzata di rilevanza internazionale;

- l'attuazione del SIS (Sistema d'informazione "Schengen").

Il Trattato di Nizza, firmato il 26 marzo del 2001, è uno dei trattati più importanti dell'Unione europea. In esso si discutono quali riforme del sistema istituzionale dell'Ue debbano essere realizzate in vista dell'adesione e dell'allargamento dei quindici Stati membri. Il Trattato entra in vigore il primo febbraio del 2003. L'obiettivo di adeguare le istituzioni in vista dell'adesione di altri Stati, tuttavia, non si realizza.

A Nizza vengono, infatti, adottate disposizioni minime. Nel Trattato s'introducono solo alcune importanti condizioni: una variazione della composizione della Commissione; una nuova ponderazione dei voti nel Consiglio dell'Unione europea; una modifica del numero dei deputati al Parlamento europeo per ogni Stato membro; un'estensione del voto di maggioranza qualificata per una trentina di nuovi titoli; un ampliamento della procedura di codecisione; una riforma per una maggiore flessibilità del sistema delle "cooperazioni rafforzate"; una nuova ripartizione delle competenze tra la Corte europea e il Tribunale.

L'Unione europea e il processo d'integrazione

Nel 2004 aderiscono all'Unione europea Cipro, Estonia, Lettonia, Lituania, Malta, Polonia, Repubblica Ceca, Slovacchia, Slovenia e Ungheria, portando il numero totale degli Stati membri a 25. Nel 2007, gli Stati membri dell'Unione europea, con l'adesione della Bulgaria e della Romania, diventano 27; l'ultimo Stato ad aderire è la Croazia, entrata a far parte dell'Unione il 1° luglio 2013 e facendo salire il numero dei membri agli attuali 28 Paesi.

Gli altri Stati attualmente candidati ad aderire all'Unione europea e con i quali sono in corso negoziati di adesione, sono: la Turchia, l'Islanda, la Macedonia, il Montenegro, l'Albania e la Serbia.

L'Unione europea e l'obiettivo della strategia di Lisbona

Nel marzo del 2000, a Lisbona, un Consiglio europeo straordinario adotta per l'Unione europea l'obiettivo, denominato "Strategia di Lisbona". Tale obiettivo intende, in un contesto di "economia fondata sulla conoscenza" perseguire il rafforzamento dell'occupazione, realizzare le riforme economiche e consolidare la coesione sociale.

Su questa prospettiva, i Consigli europei successivi hanno operato altri interventi, come:

- l'opportunità di sviluppare la società dell'informazione;

- l'esigenza di costituire uno spazio europeo della ricerca;

- la necessità di costruire un ambiente che faciliti lo sviluppo dell'innovazione nelle attività produttive;

- il bisogno di ammodernare i sistemi di protezione sociale.

Al vertice di Lisbona del 2000, giacché l'obiettivo indicato è che l'Unione si trasformi nell'economia più competitiva e dinamica al mondo, basata sulla conoscenza, capace di una crescita economica sostenibile con più posti di lavoro e più qualificati e con una maggiore coesione sociale", diventa indirettamente prioritaria l'istruzione e la formazione degli europei.

Nicole Fontane, presidente del Consiglio straordinario, riunitosi a Lisbona, nel marzo del 2000, afferma, nelle conclusioni, a proposito dell'istruzione e della formazione: "Le persone sono la principale risorsa dell'Europa e su di esse dovrebbero essere imperniate le politiche dell'Unione. Investire nelle persone e sviluppare uno stato sociale attivo e dinamico sarà essenziale per la posizione dell'Europa nell'economia della conoscenza e per garantire che l'affermarsi di questa nuova economia non aggravi i problemi sociali esistenti rappresentati dalla disoccupazione, dall'esclusione sociale e dalla povertà.

I sistemi europei d'istruzione e formazione devono essere adeguati alle esigenze della società dei saperi e alla necessità di migliorare il livello e la qualità dell'occupazione. Dovranno offrire possibilità di apprendimento e formazione, adeguate ai gruppi bersaglio nelle diverse fasi della vita: giovani, adulti disoccupati e persone occupate soggette al rischio che le loro competenze siano rese obsolete dai rapidi cambiamenti. Questo nuovo approccio dovrebbe avere tre componenti principali: lo sviluppo di centri locali di apprendimento, la promozione di nuove competenze di base, in particolare nelle tecnologie dell'informazione, e qualifiche più trasparenti.

Il Consiglio europeo invita, pertanto, gli Stati membri, conformemente alle rispettive norme costituzionali, e la Commissione ad avviare le iniziative necessarie nell'ambito delle proprie competenze, per conseguire i seguenti obiettivi:

—   un sostanziale aumento annuale degli investimenti pro capite in risorse umane;

—   il numero dei giovani, tra i 18 e i 24 anni, che ha assolto solo il livello più basso di studi secondari e che non continua gli studi né intraprende altro tipo di formazione dovrebbe essere dimezzato entro il 2010;

–   le scuole e i centri di formazione, tutti collegati a Internet, dovrebbero essere trasformati in centri locali di apprendimento plurifunzionali accessibili a tutti, ricorrendo ai mezzi più idonei per raggiungere un'ampia gamma di gruppi bersaglio; tra scuole, centri di formazione, imprese e strutture di ricerca dovrebbero essere istituiti partenariati di apprendimento a vantaggio di tutti i partecipanti;

–   un quadro europeo dovrebbe definire le nuove competenze di base da fornire lungo tutto l'arco della vita: competenze in materia di tecnologie dell'informazione, lingue straniere, cultura tecnologica, imprenditorialità e competenze sociali; dovrebbe essere istituito un diploma europeo per le competenze di base in materia di tecnologia dell'informazione, con procedure di certificazione decentrate, al fine di promuovere l'alfabetizzazione digitale in tutta l'Unione;

–   entro il 2000 dovrebbero essere individuati i mezzi atti a promuovere la mobilità di studenti, docenti e personale preposto alla formazione e alla ricerca, sia utilizzando al meglio i programmi comunitari esistenti (Socrates, Leonardo, Gioventù) e rimuovendo gli ostacoli, sia mediante una maggiore trasparenza nel riconoscimento delle qualifiche e dei periodi di studio e formazione; dovrebbero altresì essere adottati provvedimenti per rimuovere entro il 2002 gli ostacoli alla mobilità dei docenti e attrarre, motivandoli, quelli di alto livello;

–   dovrebbe essere elaborato un modello comune a livello europeo per il curriculum vitae, da utilizzare su base volontaria, per favorire la mobilità e concorrere alla valutazione delle conoscenze acquisite sia nelle istituzioni scolastiche e formative sia nelle aziende.

Il Consiglio europeo chiede al Consiglio 'Istruzione' di avviare una riflessione generale sui futuri obiettivi concreti dei sistemi d'istruzione, incentrata sulle preoccupazioni e priorità comuni nel rispetto delle diversità nazionali, per contribuire ai processi di Lussemburgo e di Cardiff e presentare al Consiglio europeo una relazione di più ampia portata nella primavera del 2001".

Nel 2002, al Consiglio di Barcellona, vengono rilanciate le conclusioni di Lisbona e si decide che i sistemi d'istruzione e di formazione europei devono, entro il 2010, diventare punto di riferimento per la qualità a livello mondiale. La sfida che l'Unione deve realizzare, entro la data prefissata, è quella di raggiungere tre priorità, nell'ambito dei sistemi formativi.

Le priorità che i Ministri dell'istruzione degli Stati europei approvano e condividono sono:

- potenziare la qualità e l'efficacia dei sistemi formativi;

- salvaguardare l'accesso nei sistemi formativi a tutti;

- aprire i sistemi formativi al mondo esterno.

Alla fine del decennio, le tre priorità e gli obiettivi che la strategia di Lisbona si era dati diventano, soprattutto per la crisi economica del 2008, una meteora e il Consiglio dell'Ue, in data 17 giugno 2010, adotta una nuova strategia, che definisce "Europa 2020", fissandola sulle priorità di una crescita intelligente, inclusiva e sostenibile e sugli obiettivi di occupabilità, fles-sicurezza e cittadinanza attiva.

Il progetto della Costituzione europea

Uno dei maggiori fallimenti del processo di integrazione dell'Europa è stato la bocciatura del progetto di una vera e propria Costituzione, firmata a Roma nel 2004 e non entrata mai in vigore (ufficialmente il testo era denominato Trattato che istituisce una Costituzione per l'Europa).

L'idea di approvare un testo costituzionale prende forma nella riunione di Laeken (dicembre 2001), quando il Consiglio europeo convoca una Convenzione allo scopo di predisporre una riforma e di presentare delle proposte concrete per la futura Europa. La scelta del modello di Convenzione segna una svolta in materia di revisione dei trattati, poiché auspica e recepisce la volontà di abbandonare le riunioni a porte chiuse tra i soli responsabili dei governi.

La Convenzione europea (102 membri e 12 osservatori in rappresentanza dei singoli Stati, del Parlamento europeo, dei Parlamenti nazionali e della Commissione europea), opera dal mese di febbraio del 2002 fino al mese di luglio 2003. Essa, presieduta dal francese Valéry Giscard d'Estaing, si suddivide, nel corso dei lavori, in gruppi, per affrontare e per discutere i temi e le proposte da far approvare o modificare nelle assemblee plenarie. Alla presentazione della conclusione dei lavori, che si tiene a Roma il 18 luglio del 2003, il presidente Giscard d'Estaing illustra il risultato finale, suddiviso in quattro parti. Tale risultato trasforma la Convenzione in una Costituente per il "Trattato che istituisce una Costituzione per l'Europa".

Il trattato costituzionale europeo, infatti, è suddiviso in quattro grandi settori. Non esistono, però, gerarchie tra le varie parti. La parte prima, dopo un preambolo, che ha carattere costituzionale e che verte sulla storia, sulle eredità dell'Europa e sulla determinazione di superare le divisioni interne, è riservata ai principi, agli obiettivi e alle disposizioni istituzionali che regolano la nuova Unione europea.

Il Trattato che adotta la Costituzione europea, per entrare in vigore, avrebbe, attraverso procedure costituzionali di ogni singolo Stato europeo, dovuto essere ratificato, entro il primo novembre del 2006, dagli Stati membri dell'Ue per approvazione parlamentare oppure attraverso referendum popolare. Per le difficoltà che alcuni Paesi hanno incontrato in sede di ratifica (in Francia e nei Paesi Bassi una consultazione referendaria boccia il progetto), il Consiglio europeo decide, nel 2005, di prendere in considerazione "un periodo di riflessi ne" sul futuro dell'Unione europea e, nel 2007, perdurando la non partecipazione attiva dei cittadini europei al dibattito, giunge a un compromesso, ovvero di dare mandato, convocando una Conferenza intergovernativa (CIG), di adottare, al posto della Costituzione, un "trattato di modifica", vale a dire il futuro Trattato di Lisbona.

La strategia di Lisbona per un futuro dinamico dei Paesi europei

Il lavoro della Conferenza intergovernativa porta all'elaborazione di un testo che viene, poi, approvato con il Trattato di Lisbona alla fine dell'anno (13 dicembre 2007) ed entra in vigore dal 1° dicembre 2009. Tale Trattato (noto anche come Trattato di riforma) apporta notevoli cambiamenti al Trattato sull'Ue e a quello che istituisce la Comunità europea, in particolare attraverso l'eliminazione dei cosiddetti "tre pilastri".

Il Trattato, inoltre, provvede al riparto delle competenze, esplicitando quelle che sono di esclusivo appannaggio dell'Unione, quelle concorrenti con gli Stati membri e quelle di supporto.

Le prime (esclusive) sono atte a:

- produrre direttive e concludere accordi internazionali, quando è indicato in un atto legislativo;

- definire le regole per il funzionamento del mercato interno;

- stabilire la politica monetaria per tutti gli Stati membri (euro);

- conservare le risorse biologiche del mare, nell'ambito di una politica comune della pesca;

- fissare e difendere una politica commerciale comune;

- rafforzare l'unione doganale.

Le competenze concorrenti che l'Unione deve esercitare insieme agli Stati membri riguardano:

- il mercato interno;

- la politica sociale;

- la coesione economica, sociale e territoriale;

- l'agricoltura e la pesca;

- l'ambiente;

- la protezione dei consumatori;

- i trasporti;

- le reti transeuropee;

- l'energia;

- lo spazio di libertà, di sicurezza e di giustizia;

- i problemi comuni di sicurezza per quanto concerne la sanità pubblica.

Le competenze di supporto, per svolgere atti di sostegno, di coordinamento o di completamento dell'azione degli Stati membri, sono:

- le azioni di tutela e di miglioramento della salute;

- le azioni, svolte nell'ambito industriale;

- le azioni, attivate nell'area della cultura;

- le azioni concretizzate nel campo del turismo;

- le azioni realizzate nell'istruzione, nella formazione professionale e nel mondo dei giovani e dello sport;

- le azioni effettuate nella protezione civile;

- le azioni rese operative nella cooperazione amministrativa.

Il Trattato di Lisbona prevede anche che:

- il Presidente del Consiglio europeo sia eletto a maggioranza qualificata senza approvazione del parlamento;

- l'Alto rappresentante dell'unione per gli affari esteri e le politiche di sicurezza coordini la politica estera dell'Ue; esso è contemporaneamente, gettando ombre in ambito democratico, vicepresidente della Commissione, amministratore dell'Agenzia europea per la difesa e segretario generale del Consiglio;

- il Consiglio europeo, prima di assumere una decisione, deve, anche se non in maniera vincolante, consultare il Parlamento europeo;

- la Banca centrale europea diventa un'istituzione ufficiale per tutti gli europei;

- l'euro diviene moneta ufficiale dell'Unione europea;

- la Carta dei diritti dell'Unione europea si converte in un atto giuridicamente vincolante e in fonte di diritto per tutti i Paesi membri.

Il sistema istituzionale dell'Unione europea

L'Unione europea è, oggi, legalmente riconosciuta come un'area di libero mercato, detto mercato comune, ed è rappresentata da una moneta unica, l'euro, che è regolamentata dalla BCE (Banca centrale europea) e adottata da 18 dei 28 Stati membri; dal 2015 gli Stati aderenti saranno 19 con l'ingresso della Lituania. L'Unione europea è anche provvista di un'unione doganale, che deve garantire ai cittadini libertà di movimento e soddisfare le esigenze di lavoro, nonché libera circolazione delle merci e dei servizi. Prevede, altresì, una politica agricola, commerciale e ittica comune.

L'Unione europea non è un'organizzazione intergovernativa né una federazione di Stati. Essa è, invece, un organismo particolare, che riceve in delega dagli Stati membri alcune prerogative di sovranità nazionale. Le competenze dell'Unione europea riguardano gli affari esteri, la difesa, le politiche economiche, l'agricoltura, il commercio e la protezione ambientale.

Le principali istituzioni dell'Unione, riorganizzate in base al Trattato di Lisbona, sono:

- il Consiglio europeo che comprende, oltre al presidente della Commissione e al suo Presidente, un membro per ogni Stato, vale a dire il Capo di Stato nelle repubbliche semipresidenziali o presidenziali e il Capo di Governo nelle monarchie o repubbliche parlamentari. I capi di Stato e di governo possono essere assistiti da un ministro, di norma svolgono tale ruolo i Ministri degli esteri, e, per quanto riguarda il Presidente della Commissione, da un membro della Commissione, che ha sede a Bruxelles. Il Presidente, scelto dal Consiglio europeo, dura in carica due anni e mezzo;

- il Consiglio dell'Unione europea, che sostituisce la denominazione di Consiglio dei Ministri in base al Trattato di Maastricht. Tale Consiglio è rappresentato da un membro di ciascuno Stato aderente che tratta la stessa materia svolta nel Consiglio (ad esempio i Ministri dell'economia, dell'istruzione, dell'ambiente, della giustizia e così via di ogni Paese). La Presidenza è attribuita a rotazione;

- la Commissione, che rappresenta gli interessi generali dell'Unione; essa ha la sede legale a Bruxelles ed è composta da un Commissario per ogni Stato membro. Tale istituzione dura in carica per cinque anni e i componenti sono scelti dal Consiglio europeo, anche se devono essere accettati e ratificati dal Parlamento europeo;

- la Corte di Giustizia dell'Unione europea che, con sede legale a Lussemburgo, controlla l'applicazione corretta del diritto europeo;

- il Parlamento, composto dai rappresentanti dei cittadini degli Stati membri; tali rappresentanti sono dal 1979 eletti a suffragio universale da tutti i cittadini dell'Unione ogni cinque anni. Il Presidente dura nella sua carica per due anni e mezzo. Ogni Stato membro, tenendo conto dei paletti posti dal Trattato di Lisbona, stabilisce con modalità autonome lo svolgimento delle elezioni e il criterio di ripartizione dei seggi. Il Parlamento ha sede legale a Strasburgo, pur svolgendo i suoi lavori anche a Bruxelles e a Lussemburgo;

- la Corte dei conti europea, che, con sede a Lussemburgo, esamina e verifica il finanziamento delle attività dell'Unione europea;

- la Banca centrale europea (BCE), che, con sede a Francoforte sul Meno, in Germania, è un'importante istituzione, perché responsabile della politica monetaria dell'Unione europea.

Gli organismi consultivi dell'Unione europea sono:

- il Comitato economico e sociale, che rappresenta l'industria e la società civile;

- il Comitato delle Regioni, che rappresenta le autorità locali e regionali.

Gli organismi finanziari dell'Unione europea sono:

- la Banca europea degli investimenti, che ha sede a Lussemburgo e sostiene tutti i progetti di finanziamento dell'Unione;

- la Banca europea per la ricostruzione e lo sviluppo, che svolge la funzione di finanziamento degli investimenti, per favorire la transizione verso un'economia di mercato dei Paesi dell'Europa centrale e orientale;

- il Fondo europeo per gli investimenti, che ha sede a Lussemburgo. Esso dà garanzie e fornisce capitali alle piccole e medie imprese.

Gli organismi inter-istituzionali dell'Unione europea sono:

- il Servizio europeo per l'azione esterna. Tale servizio viene previsto con il Trattato di Lisbona per dirigere e regolare la politica estera e le sedi estere dell'Unione;

- l'Eurostat, che è l'ufficio addetto a seguire le statistiche ufficiali dell'Ue;

- l'Ufficio delle pubblicazioni dell'Unione europea. È l'ufficio che stampa, pubblica e distribuisce le informazioni che riguardano l'Unione e le sue attività;

- l'Ufficio europeo per la selezione del personale o European Personnel Selection Office (EPSO). È l'ufficio delegato ad assumere personale, da inserire nelle istituzioni europee e in altri organismi dell'Ue;

- la Scuola europea di amministrazione o European Administrative School (EAS). È il centro d'istruzione per formare il personale delle istituzioni europee.

Sono organi rilevanti, in Europa, anche il Mediatore unico e il Garante della protezione dei dati. Il primo, con sede a Strasburgo, in Francia, ha il compito di difendere i cittadini e le organizzazioni dell'Unione dagli errori dell'amministrazione. Il secondo ha sede a Bruxelles, in Belgio, e serve ad assicurare che gli organi dell'Unione e le istituzioni tutte rispettino, nel trattamento dei dati personali dei cittadini, il diritto della privacy.

L'autonomia organizzativa, didattica e finanziaria dei sistemi scolastici europei

I sistemi scolastici, nella maggior parte dei Paesi dell'Ue, presentano, in una fase di riforme, alcune peculiarità comuni, come, ad esempio:

1.   l'innalzamento del ciclo della scolarità obbligatoria;

2.   il decentramento amministrativo e didattico con conferimento all'autonomia delle singole scuole;

3.   la lotta alla dispersione scolastica per incrementare in maniera significativa la scolarità;

4.   la possibilità di integrare percorsi d'istruzione con quelli di formazione professionale;

5.   il prolungamento dell'obbligo formativo anche attraverso percorsi di alternanza scuola-lavoro e apprendistato;

6.   l'aumento della percentuale di diplomati in grado di entrare nei corsi universitari.

Tali sistemi si fondano, quasi tutti, sull'autonomia, che, nei diversi Paesi, si realizza, come:

1. Autonomia organizzativa in:

–   Belgio (decentramento delle competenze alle autorità regionali).

–   Danimarca (i consigli d'istituto e i consigli comunali cogestiscono l'organizzazione delle attività).

–   Francia (le competenze sono decentrate a Regioni e a Province; le scuole organizzano classi, orari e servizi).

–   Germania (non c'è autonomia organizzativa).

–   Inghilterra (le scuole, coordinate dalle autorità locali, hanno un forte decentramento).

–   Portogallo (decentramento a livello regionale).

–   Spagna (i consigli d'istituto e gli Enti locali cogestiscono l'organizzazione scolastica).

2.   Autonomia didattica in:

–   Belgio (l'autonomia delle scuole è ampia, ma all'interno dei programmi sono le comunità linguistiche che decidono).

–   Danimarca (i docenti hanno piena autonomia nella programmazione didattica, sottoposta, però, all'autorizzazione del ministero).

–   Francia (l'autonomia didattica viene realizzata dai singoli istituti attraverso la definizione dei progetti educativi d'istituto).

–   Germania (l'autonomia didattica è limitata alle discipline opzionali).

–   Inghilterra (autonomia del capo d'istituto che, nel rispetto del curriculum nazionale, decide i contenuti dei programmi).

–   Portogallo (massima autonomia e il consiglio pedagogico d'istituto definisce il progetto educativo annuale).

–   Spagna (i consigli d'istituto hanno ampia autonomia).

3.   Autonomia finanziaria in:

–   Belgio (le comunità locali finanziano le scuole).

–   Danimarca (finanziamento pubblico, gestito dall'amministrazione comunale).

–   Francia (il ministero distribuisce i fondi agli Enti locali).

–   Germania (le scuole sono finanziate dai fondi gestiti dagli Enti locali).

–   Inghilterra (il governo finanzia le scuole attraverso le imposte dirette).

–   Portogallo (il governo centrale finanzia le Regioni e queste ultime gestiscono le risorse per le attività scolastiche).

–   Spagna (gli istituti, oltre ad avere finanziamenti pubblici, hanno la possibilità di autofinanziarsi attraverso contributi e vendita di servizi).

Istruzione e formazione nell'Unione europea

Il Rapporto UNESCO della Commissione Delors, nel 1993 e il Libro Bianco su istruzione e formazione, a cura della Commissione dell'Unione europea, del ministro Crèsson, nel 1995, hanno, come obiettivo, l'esigenza di costruire, attraverso le politiche dell'istruzione e della formazione degli Stati membri, un'Europa del futuro, capace di padroneggiare e non di subire la globalizzazione. Si fa, perciò, strada non solo il concetto di "educazione per tutta la vita" ma anche la strategia della "long life education".

La società del futuro viene, così, definita "società conoscitiva". Il Consiglio europeo, nel tracciare le politiche scolastiche e formative, fissa come obiettivo strategico per l'Europa quello di diventare una società costruita sulla conoscenza. I passi da compiere sono, perciò, ancora oggi, notevoli e irti di ostacoli.

Gli esperti dei ministeri dell'istruzione dei Paesi membri che nel 2000 intervengono ai lavori sugli "Indicatori di qualità", predispongono una relazione sulla qualità dell'istruzione scolastica, in cui vengono indicate cinque sfide:

- la sfida del sapere;

- la sfida della decentralizzazione;

- la sfida delle risorse;

- la sfida dell'integrazione sociale;

- la sfida dei dati e della comparabilità.

A livello dell'Unione europea, la sfida principale resta, così, quella di garantire a ogni europeo un elevato livello d'istruzione scolastica. Il gruppo di lavoro propone, inoltre, anche un numero di sedici indicatori che vertono sui settori delle matematiche, della lettura, delle scienze, delle tecnologie dell'informazione e della comunicazione (TIC), delle lingue straniere, della capacità di "imparare con metodo" e dell'educazione civica. Nel marzo del 2000, il Consiglio europeo di Lisbona fissa, poi, l'obiettivo di dimezzare entro il 2010 la quantità dei giovani che terminano soltanto il ciclo inferiore di studi. Le percentuali di completamento scolastico superiore sono indici importanti del buon funzionamento dei sistemi educativi. E il successo di un allievo non può essere separato dal contesto della carriera scolastica, né dalla congiuntura economica del Paese.

La Strategia di Lisbona, formulata nel 2000 da parte del Consiglio europeo, ha, pensando a un metodo globale per la crescita e l'occupazione, come obiettivo strategico l'esigenza di far diventare l'Europa un'economia basata sulla "conoscenza più competitiva e dinamica del mondo". Tale strategia contiene in sé la premessa culturale del Libro Bianco di Crèsson, che aveva come motivazione: "Insegnare e apprendere: verso la società basata sulla conoscenza".

Il Consiglio dei Ministri dell'istruzione dei Paesi membri dell'Unione europea stabilisce, a tal proposito, nel 2001, tre obiettivi strategici, in altre parole:

- aumentare la qualità e l'efficacia dei sistemi d'istruzione e di formazione dell'Unione europea;

- facilitare l'accesso ai sistemi d'istruzione e di formazione;

- aprire i sistemi d'istruzione e di formazione al mondo esterno.

Nel 2003 lo stesso Consiglio introduce i "Parametri di riferimento" e precisa in termini di quantità gli obiettivi da raggiungere entro il 2010:

- diminuzione degli abbandoni precoci (percentuale non superiore al 10%);

- aumento dei laureati in matematica, scienze e tecnologia (almeno del 15% e, al contempo, diminuzione dello squilibrio fra i sessi);

- aumento dei giovani che completano gli studi secondari superiori (almeno l'85% della popolazione ventiduenne);

- diminuzione della percentuale dei quindicenni, che presentano una scarsa capacità di lettura (almeno del 20% rispetto al 2000);

- ampliamento della media europea di partecipazione a iniziative di lifelong learning (almeno fino al 12,5% della popolazione adulta in età lavorativa 25-64 anni);

- incremento degli investimenti per l'istruzione.

Nel 2005, un ruolo rilevante viene richiesto anche alle Regioni, considerate protagoniste dello sviluppo economico e del rinnovamento della rete di protezione sociale. Per il nuovo ciclo, il Consiglio europeo invita a rafforzare il coinvolgimento delle parti sociali nel processo della strategia di Lisbona e riconosce il ruolo centrale del livello locale e regionale nel creare crescita e occupazione. Si arriva, così, al Trattato di Lisbona, conosciuto anche come il Trattato di riforma, che viene firmato nel 2007. Esso apporta ampie modifiche sia al Trattato che fonda la Comunità europea sia a quello che istituisce l'Unione europea. Si prospetta che l'Ue, fino al 2020, affronti la sfida della globalizzazione per governarne il processo e non subirlo passivamente.

Già nel Consiglio di Lisbona del 2000 i Capi di Stato e di governo si sono accordati sulla cosiddetta "strategia di Lisbona", vale a dire sull'urgenza di costruire uno strumento per competere con i Paesi emergenti e, nello stesso tempo, superare ogni forma di crisi economica. L'obiettivo strategico, che, in tal modo, l'Ue si prefigge, è elevato; perciò, un ruolo trainante viene attribuito all'istruzione e alla formazione. In data 17 giugno del 2010, il Consiglio europeo adotta una nuova strategia, che definisce "Ue 2020" o post-2010. In una fase di grandi trasformazioni e di crisi "l'Europa deve agire in modo collettivo in quanto Unione". Il nuovo programma deve essere un'elaborazione di tutti gli Stati membri. Ci deve essere, pertanto, un maggiore coordinamento delle rispettive politiche nazionali.

L'obiettivo principale della strategia "Ue 2020" è rappresentato dal binomio: una vita migliore e più posti di lavoro.

Tale strategia deve fondarsi su tre priorità, in altre parole:

- crescita intelligente;

- crescita inclusiva;

- crescita sostenibile.

Il fattore di stimolo di una crescita intelligente è lo sviluppo di un'economia che deve basarsi, attraverso la ricerca, sulla conoscenza e sull'innovazione continua. In un mondo in cui i prodotti e i processi si diversificano in funzione dell'innovazione, la conoscenza diventa fattore di ricchezza. Per tale motivo devono essere potenziate le opportunità e la coesione sociale, attraverso la valorizzazione dell'istruzione, della ricerca e dell'economia digitale. La seconda priorità (la crescita inclusiva) è il fattore di stimolo per il coinvolgimento di quei cittadini, in possesso di nuove competenze e di creatività, in una società di partecipazione condivisa, dove lo sviluppo dell'imprenditorialità e la possibilità di cambiare lavoro diventano fondamentali per immettersi in maniera ricorrente nel circuito delle attività produttive.

La crescita sostenibile rappresenta il fattore di un'economia competitiva, interconnessa ed ecocompatibile.

Le istituzioni educative e formative devono svolgere e sviluppare nuovi metodi e tecniche in cui le azioni fondamentali dovrebbero essere:

- passare dall'approccio nozionistico, basato sulla trasmissione dei saperi, a una didattica attiva per acquisire nuove e funzionali competenze;

- trasformare i contenuti e le abilità in competenze;

- favorire, per promuovere le competenze principali per una cittadinanza attiva, la trasversalità e l'interdisciplinarità;

- facilitare, incoraggiandone la portata, l'apprendimento non solo formale ma anche quello informale.

Il Consiglio europeo non trascura neanche l'importanza dell'istruzione prescolare, atta a favorire lo sviluppo emotivo e intellettuale del bambino; lo fa, facilitando il passaggio dall'apprendimento ludico a quello formale e contribuendo, in tal modo, al successo scolastico.

Nel vertice di Stoccolma, nel 2001, già s'individuano tre obiettivi strategici:

- aumentare la qualità dell'istruzione e della formazione;

- facilitare l'accesso all'istruzione e alla formazione;

- allargare l'istruzione e la formazione al mondo esterno.

Ancora a Lisbona, nel 2002, si vara un piano di lavoro circostanziato con l'individuazione dei principali interventi da mettere in cantiere:

- incrementare la percentuale dei giovani che terminano gli studi superiori;

- ampliare la media europea di partecipazione al lifelong learning;

- estendere il numero di laureati nelle scienze, in matematica e in tecnologia;

- ridurre la dispersione scolastica;

- abbassare la percentuale dei giovani con scarsa capacità di lettura.

Nel 2004, poi, a Maastricht, i Ministri dell'istruzione e della formazione insieme alla Commissione europea si accordano su forme di collaborazione, per modernizzare i sistemi d'istruzione, dando vita a diversi progetti di revisione dei sistemi formativi; in tal modo, ogni Paese membro dell'Ue, pur preservando la propria identità culturale, cerca di uniformare i percorsi scolastici e formativi. L'attuale strategia dell'Unione verso l'"Europa 2020", attraverso l'investimento sulle competenze, è, perciò, diventata un riferimento cruciale per il superamento della pesante crisi economica, che ha, ormai, investito l'economia mondiale. Tale strategia è, appunto, improntata alla promozione della crescita intelligente, sostenibile e inclusiva.

L'Ue, con i suoi programmi d'istruzione e di formazione, arriva direttamente a un numero non trascurabile dei suoi cittadini. Il programma per l'intero arco della vita ha come obiettivo generale quello di contribuire allo sviluppo dell'Unione, intesa alla maniera di società della conoscenza avanzata, in conformità agli obiettivi della strategia di Lisbona. Tale programma, sostenendo e completando l'azione degli Stati membri, si prefigge di incoraggiare gli scambi, la cooperazione e la mobilità tra i sistemi d'istruzione e di formazione all'interno dell'Unione, affinché questi possano diventare un punto di riferimento per la qualità internazionale e globale.

Gli ordinamenti degli studi e il ruolo dei Dirigenti scolastici nell'Unione europea

L'Unione europea, alla fine degli anni Novanta del Novecento, incoraggia, nei Paesi membri, ogni forma d'iniziativa nazionale, diretta, da un lato, a "deregolamentare" i sistemi d'insegnamento, gestiti ancora centralmente, e, dall'altro, a riformare la scuola pubblica, introducendo modelli scolastici autonomi. Gli assetti ordinamentali e le azioni per tali modelli si traducono oggi, per i Paesi dell'Ue, nella condivisione di importanti mutamenti, in materia d'istruzione e di formazione. Prima del Trattato di Maastricht, l'Ue non si occupava per niente di educazione.

Le forme d'insegnamento, tranne la formazione professionale, spettavano prettamente alla competenza degli Stati membri. Con la firma dell'Atto unico, nel 1986, e con l'entrata in vigore del Trattato di Maastricht, nel 1992, le cose cambiano. L'art. 149 del Trattato di Roma (ora divenuto art. 165 TFUE) afferma che la Comunità deve contribuire allo sviluppo di un'educazione di qualità, rispettando, però, la responsabilità degli Stati membri per quanto riguarda il contenuto dell'insegnamento e per quanto concerne l'organizzazione del sistema educativo. Adesso è, perciò, vitale riconoscere che la Commissione europea stia svolgendo un ruolo importante nella definizione e nella promozione di una politica educativa comune.

L'ideologia della nuova politica comune, concernente l'istruzione e l'educazione, è riassumibile nell'idea che l'Unione europea, di fronte alla svolta della globalizzazione e delle sfide che si riferiscono a una nuova economia, fondata sulla conoscenza, deve promuovere una forma d'insegnamento, teso a un obiettivo strategico principale, in altre parole aiutare l'Europa a diventare "un'economia della conoscenza" sia competitiva e dinamica, sia capace di realizzare una crescita economica duratura.

All'inizio degli anni Ottanta, la Comunità europea ha rivolto a un'attenta analisi dei sistemi d'istruzione dei Paesi membri, per verificarne le capacità di risposta alle sfide continue, collegate alle trasformazioni del mercato del lavoro e all'evoluzione scientifica e tecnologica. La scuola europea si muove, così, verso un adeguamento progressivo della propria offerta formativa alle esigenze, in rapida evoluzione e trasformazione, dei mercati del lavoro e del sistema produttivo. Ai cittadini europei si richiedono conoscenze e competenze tecniche qualificate e aggiornate.

Il tentativo di un rapido esame dei sistemi scolastici della maggior parte dei Paesi dell'Ue, in piena attuazione di riforme, fa risaltare, di fatto, alcuni aspetti comuni, quali quelli sopra descritti all'inizio di tale sotto-paragrafo.

La Commissione afferma, inoltre, che i sistemi scolastici quanto più autonomi e decentrati sono, tanto più diventano flessibili, permettendo, in un continuo adattamento, di sviluppare nuove forme di partenariato e di tener conto della diversità degli utenti e della disparità delle loro richieste.

Gli istituti scolastici, i centri di formazione e le università devono, così, aprire le loro porte non solo sul processo di globalizzazione, per comprenderne gli aspetti e le esigenze, ma anche sul mondo circostante, interagendosi sia con il territorio sia con il mondo delle imprese. Le economie, all'interno delle società tecnologiche e avanzate, si stanno trasformando velocemente e l'Europa, per continuare a competere, deve proteggere le proprie risorse umane e prepararle al cambiamento. Alla flessibilità del mondo del lavoro deve corrispondere un'adeguata duttilità della scuola.

I sistemi scolastici, organizzati e finanziati dallo Stato, sono giudicati eccessivamente rigidi per tollerare che i docenti si adattino ai cambiamenti richiesti dallo sviluppo delle tecnologie. Le istituzioni europee raccomandano, perciò, per quanto concerne la riforma strutturale dei sistemi scolastici, una forma di deregolamentazione dell'insegnamento pubblico a favore di una gestione autonoma e concorrenziale della scuola. Tali raccomandazioni sono motivate anche dall'esigenza di adeguare le istituzioni educative ai bisogni dell'economia di mercato.

Le scuole, per rispondere a una domanda di qualità, devono non solo sapersi adattare velocemente alle sfide, imposte dalla crisi economica e sociale, ma anche avere maggiore autonomia e, nello stesso tempo, riuscire a responsabilizzare, al loro interno, la leadership. La flessibilità dell'educazione e della formazione, la capacità di dare risposte alle diverse richieste, incoraggiate dall'Unione europea, non prescindono dalle iniziative nazionali sia di deregolamentazione dei sistemi scolastici sia di concorrenza tra le reti delle istituzioni autonome e di qualità. È da considerare che, da un lato, sia necessario possedere l'efficacia e la capacità per raggiungere gli obiettivi, realizzabili, motivanti e prefissati, e, dall'altro, l'efficienza nel riuscire a ottenere risultati senza sciupare risorse; la qualità si basa, invece, sulla competitività ed è una forma di attrattiva e di ritorno d'immagine. I sistemi scolastici in Europa sono, in generale, gestiti dai governi centrali, dalle Regioni e dai Comuni. I principali, riportati in ordine alfabetico, sono, così, strutturati:

Ordinamento degli studi e identikit del Dirigente scolastico in Austria

La scuola dell'obbligo va dai sei ai quindici anni; la scuola primaria, che è quadriennale (dai 6 ai 10 anni), è seguita da tre tipologie quadriennali di scuola secondaria di primo grado; seguono due tipologie quadriennali di scuola secondaria di secondo grado o varie scuole professionali di durata che varia, con la possibilità per alcune di una frequenza in alternanza scuola-lavoro.

La scuola, in Austria, si suddivide in:

a.   Volkschule (Scuola primaria, che va dai sei ai dieci anni).

b.   Hauptschule (Scuola secondaria generale, che dura dai dieci ai quattordici anni).

c.   Polytechnische Schule (Anno integrativo che si protrae dai quattordici ai quindici anni).

d.   Upper level (Scuola superiore, che dura dai quindici ai diciotto anni).

Le discipline obbligatorie, a livello primario, sono: arte, educazione tecnica, educazione fisica, educazione stradale, lettura, lingua straniera, matematica, musica, religione, scrittura, scienze umane.

La denominazione del Dirigente scolastico, in Austria, varia in base alla tipologia di scuola. Nelle scuole secondarie inferiori e superiori federali (Bundesschulen) è detto Director; è, invece, denominato Volksschuldirektor nelle scuole primarie e Hauptschuldirektor in quelle secondarie generali. Nelle scuole speciali, poi, il Dirigente scolastico viene detto, in Austria, Sonderschuldirektor. Nell'anno integrativo o preprofessionale si ha il Direktor des Polytechnischen Lehrgangs e nelle scuole professionali il Berufsschuldirektor. Tuttavia la denominazione generica per il Dirigente scolastico è, come in Germania, quella di Schulleiter. Questi è un dipendente dello Stato federale o del Länd.

I posti per Schulleiter che sono disponibili sono messi a concorso con un bando pubblico.

I candidati inoltrano le domande all'amministrazione competente (Dienstbehörde) e vengono selezionati tramite i seguenti criteri:

qualifiche professionali,

attitudine personale;

valutazione.

Le assemblee collegiali del Landesschulräte (responsabili dell'istruzione scolastica per i Länder) scelgono, per gli insegnanti che operano a livello federale dal Bund (Bundeslehrer), le migliori tre proposte (Dreiervorschlag) e le sottopongono al ministro federale della Pubblica Istruzione e gli Affari Culturali; questi sceglie e nomina il candidato migliore. Gli enti regionali di governo del Länd (Ämter der Landesregierung) sono, invece, responsabili della selezione e della nomina degli insegnanti che operano a livello regionale.

Lo Schulleiter:

è responsabile dell'applicazione delle leggi, dei decreti e delle istruzioni emanate dalle autorità educative;

predispone le riunioni dei partner scolastici (Schulforum, Schulgemeinschaftsausschuß);

ha l'incarico di applicare le decisioni assunte nelle riunioni;

ha il compito di ripartire il budget annuale stanziato;

ha la funzione di redigere la relazione scolastica annuale;

suggerisce proposte per gli insegnanti in merito alle loro attività didattiche e di insegnamento;

ha la facoltà di controllare in qualsiasi momento l'insegnamento;

si relaziona con la scuola che dirige e le autorità di controllo;

incoraggia le relazioni tra la scuola e le famiglie.

svolge attività d'insegnamento ridotte in base alle dimensioni delle istituzioni scolastiche che dirige.

Per quanto riguarda la formazione, lo Schulleiter deve partecipare alle seguenti tematiche: la gestione dei conflitti; la comunicazione, la gestione del personale, la consulenza e la valutazione degli insegnanti, lo sviluppo dell'insegnamento, il diritto, l'organizzazione scolastica e l'amministrazione.

Ordinamento degli studi e identikit del Dirigente scolastico in Belgio

La gestione della scuola belga è divisa per Comunità (francese, fiamminga e germanofona).

L'istruzione è obbligatoria dai sei ai quindici e a tempo parziale sino diciotto anni. Essa si articola in:

a. Keuteronderwijs-Einseignement maternel (Scuola d'infanzia sino a sei anni).

b. Lager onderwijs – Einseignement primarie (Scuola primaria dai sei ai dodici anni).

c. Secondair ondrwijs (Scuola secondaria dai dodici ai diciotto anni).

Le discipline obbligatorie, a livello primario, sono: arte, educazione fisica, educazione tecnica, educazione morale e religione, educazione civica e stradale, lavori manuali, lettura e scrittura, lingua materna, musica. A livello secondario, le discipline comuni e obbligatorie, invece, sono: arte, educazione fisica, educazione morale e religione, educazione tecnica, letteratura, lingua straniera, lingua materna, matematica, scienze. Nei tre sistemi è obbligatoria l'istruzione a tempo pieno dai sei fino ai quindici anni e, poi, a tempo parziale fino ai diciotto; la scuola primaria dura sei anni e si articola in tre cicli; la scuola secondaria si articola, inoltre, in un biennio inferiore e due bienni superiori (parte di questi possono essere frequentati in alternanza scuola-lavoro per le filiere di qualificazione tecnica e professionale). Infine, i giovani possono iscriversi e frequentare l'Hoger onderwijs-Einseignement supérieur (Livello accademico).

Il Dirigente scolastico, in Belgio, ha una denominazione, che varia in base all'ordine di scuola, ovvero:

directrice nella Keuteronderwijs-Einseignement maternel (Scuola d'infanzia autonoma);

Institutrice gardienne en chef, quando la scuola dell'infanzia è integrata a quella primaria;

Directeur (Lager onderwijs – Einseignement primarie), nel caso in cui la scuola primaria è autonoma;

Instituteur primaire en chef, quando la scuola primaria è integrata a quella secondaria;

Directeur o Préfet des etudes nell'istruzione secondaria.

In Belgio, dal 1996, nelle istituzioni scolastiche (infanzia, primaria) vengono utilizzati, per semplificare, i termini generici directeur e directrice, mentre nella scuola secondaria (12-18) viene usato il termine chef d'établissement.

Il sistema educativo, in Belgio, si fonda, all'interno delle tre Comunità (francese, fiamminga e germanofona), su tre reti coesistenti:

la rete ufficiale della Comunità;

la rete sovvenzionata ufficialmente, che è governata dalla provincia, dal comune o da altra entità di diritto pubblico;

la rete sovvenzionata e privata (confessionale o laica), che riunisce le scuole non ufficiali.

I capi d'istituto (chef d'établissement), nella realtà belga, dipendono da un ente organizzativo (pouvoir organisateur) della loro istituzione scolastica, vale a dire dal Ministero (scuole organizzate dalla Comunità francese), dalle autorità provinciali o comunali (scuole ufficiali sovvenzionate) dalle persone o enti (scuole private e sovvenzionate).

Lo chef d'établissement, per operare nell'ambito dell'istruzione ufficiale, che è organizzata dalla Comunità francese, deve possedere:

nella scuola dell'infanzia diplôme d'institutrice maternelle, brevet de promotion, esperienza di almeno 6 anni nel ruolo che dà accesso all'incarico di capo d'istituto e di almeno 10 anni nella posizione d'insegnante;

nella scuola secondaria inferiore diplôme d'agrégé de l'enseignement secondaire inférieur o titre du niveau supérieur du 2ième degré, brevet de promotion, esperienza di almeno 6 anni nel ruolo che dà accesso all'incarico di capo d'istituto e di almeno 10 anni nella posizione d'insegnante;

nella scuola secondaria superiore il diploma universitario o equivalente (titre du niveau supérieur du 3ième degré), brevet de promotion, esperienza di almeno 6 anni nel ruolo che dà accesso all'incarico di capo d'istituto e di almeno 10 anni nella posizione d'insegnante.

La qualifica di brevet de promotion è rilasciata dai cosiddetti comitati di promozione, riconosciuti e autorizzati dalla Comunità francese, che viene concessa dopo aver valutato la scheda personale del candidato; anzi, questi deve per di più sostenere un esame, che include:

la valutazione di due lezioni;

la risoluzione di questioni legali e amministrative;

un colloquio, diretto a stabilire il possesso dei requisiti fondamentali per svolgere il ruolo di capo d'istituto (Decreto Reale del 22 marzo 1969).

Le istituzioni scolastiche sovvenzionate sono dirette da soggetti con la qualifica di directeur, che, in generale, è in possesso di diplomi equivalenti a quelli impiegati ufficialmente all'interno della Comunità francese. I candidati, che concorrono a dirigere le scuole sovvenzionate, devono, per poter assumere la posizione di directeur, essere insegnanti da almeno sei anni.

Lo chef d'établissement è responsabile:

- dell'amministrazione e della gestione della scuola;

- della preparazione dei certificati di studi di base, che sottoscrive unitamente al directeur o préfet;

- dell'attribuzione delle competenze degli insegnanti;

- dell'utilizzo del budget scolastico;

- del coordinamento e della direzione del personale educativo;

- della supervisione e della direzione pedagogica dei docenti, degli insegnanti di religione e di morale e di quelli di educazione fisica;

- della capacità relazionale con la popolazione della città in cui si trova la scuola;

Per quanto concerne le attività di insegnamento l'instituteur en chef, nelle scuole primarie con più di 180 alunni, non svolge incarichi didattici d'insegnamento ed è responsabile esclusivamente delle questioni ammini-strative.

I directeurs o préfets nella scuola secondaria sono totalmente sollevati dalle attività d'insegnamento.

I sistemi di valutazione ancora non sono, in Belgio, attivi e la formazione continua è in via di adozione da parte di:

associazioni di capi di istituto;

università ed organismi per la formazione continua degli insegnanti in ciascuna rete scolastica.

Ordinamento degli studi e identikit del Dirigente scolastico in Bulgaria

L'istruzione è obbligatoria dai sette ai sedici anni; la scuola di base ha una durata di otto anni e si articola in due quadrienni, per chi frequenterà l'università, dopo un ulteriore quadriennio di secondaria superiore, oppure in un quadriennio e un triennio supplementare per chi frequenterà la secondaria superiore di tipo tecnico-professionale.

Il sistema scolastico bulgaro è suddiviso in:

a.   Scuola pre-primaria dai 3 ai 6-7 anni e ha una durata di 3-4 anni:

1.   la primary school, con le classi dalla I alla IV;

2.   la pre-secondary school, con le classi dalla V alla VIII.

b.   Istruzione secondaria, frequentata dai 14-15 anni fino ai diciannove anni e ha una durata variabile tra i quattro e i cinque anni:

1.   la Comprehensive school, che, dopo quattro anni di corso, rilascia il diploma d'istruzione secondaria;

2.   la Profile oriented school, che dura, dopo la VII o la VIII classe di scuola di base, quattro o cinque anni di corso; anche in questo caso al termine degli studi viene rilasciato il diploma di istruzione secondaria generale.

3. la Technical and Vocational school, con una durata di quattro anni (indirizzo scelto dopo le otto classi dell'istruzione di base); essa rilascia un diploma specialistico (Diploma of Specialized Secondary Education).

I capi di istituto, in Bulgaria, hanno oggi non solo la responsabilità di rapportarsi, con efficacia al personale docente e dell'intera istituzione scolastica ma anche quella di gestire con efficienza ed economicità l'attività finanziaria e curricolare,

I criteri e le procedure, per selezionare i capi d'istituto, si basano sui seguenti prerequisiti:

- esperienza professionale d'insegnamento;

- esperienza amministrativa, gestionale e formativa;

- capacità di leadership.

Ordinamento degli studi e identikit del Dirigente scolastico a Cipro

La scuola è obbligatoria da quattro anni e mezzo a quindici anni; la scuola primaria, che dura sei anni, va dall'età di cinque anni e mezzo agli undici e mezzo; segue una secondaria inferiore unitaria di tre anni e mezzo, fino ai quindici anni di età; i percorsi della secondaria superiore possono essere triennali o quadriennali, a seconda delle filiere; le scuole tecnico-professionali possono essere frequentate in alternanza scuola-lavoro.

a. Pre-primary education (Scuola pre-primaria sino a 4 anni e mezzo).

b. Primary education (Scuola primaria da quattro anni e mezzo a undici anni e mezzo).

c. Gymnasium (Scuola secondaria di primo grado da undici anni e mezzo a quindici anni e mezzo).

d. Secondary education (Scuola secondaria di secondo grado dai quindici e mezzo ai diciotto anni e mezzo).

A Cipro, il docente, che aspira a diventare il Dirigente scolastico, deve possedere:

esperienza di almeno 13 anni, di cui 5 d'insegnamento nelle istituzioni scolastiche, per diventare vice capo d'istituto e tre anni, come vice capo di istituto, per accedere a capo di istituto;

esperienza professionale;

responsabilità amministrativa;

responsabilità finanziaria;

responsabilità nel campo della didattica e nell'ambito delle pubbliche relazioni.

Ordinamento degli studi e identikit del Dirigente scolastico in Croazia

Il primo luglio del 2013 la Croazia è diventata una componente dell'Unione europea, a diciotto anni dalla fine della Guerra dei Balcani, scegliendo la libertà e la pace.

La scuola croata dell'obbligo dura otto anni, dai sei ai quattordici anni (Scuola Primaria e secondaria inferiore), ed è formata da un unico ciclo, diviso in due sotto/cicli, ognuno della durata di quattro anni. Le lezioni del primo ciclo, formato dalle classi I-IV, sono tenute da un unico insegnante per classe, mentre quelle del secondo, formato dalle classi V-VIII, sono tenute da docenti delle diverse discipline. Il sistema scolastico della Croazia è formato da:

a. Vrtič, Scuola pre-primaria (3 -6 anni).

b. Osnovna Škola, Scuola Primaria e secondaria inferiore (6 -14 anni).

c. Srednja Škola, Scuola Secondaria superiore (14 -18 anni).

d. Sveučilište, Scuola post-secondaria che dura dai due ai sei anni (equivalente all'Università italiana).

e. Formazione post-universitaria (Magisterij, Specializzazione post-laurea di due anni.

f. Doktorat, Dottorato di quattro anni).

È indispensabile impegnarsi nello studio della lingua croata; si può, poi, partecipare alle attività extracurriculari che le diverse istituzioni scolastiche offrono, come quelle teatrali, sportive e così via.

I (Dirigenti scolastici) o capi di istituto (algkool o põnikoll), in Croazia, hanno oggi non solo la responsabilità di rapportarsi, con efficacia il personale docente e dell'intera istituzione scolastica ma anche quella di gestire con efficienza ed economicità l'attività finanziaria e curricolare.

I criteri e le procedure di selezione si basano sui seguenti prerequisiti:

esperienza professionale d'insegnamento;

esperienza amministrativa, gestionale e formativa;

capacità di leadership.

Ordinamento degli studi e identikit del Dirigente scolastico in Danimarca

La scuola danese è obbligatoria dai sei ai sedici anni; alla scuola di base e unitaria (dai sei ai sedici anni) segue un percorso di secondaria superiore triennale, che può anche essere articolato in un monoennio e in un biennio.

Il sistema scolastico danese si suddivide in:

a.   Folheskole (Scuola Pre-Primaria).

b.   Folkeskolens afgangsprøve grundskole (Scuola primaria e secondaria dai sei ai sedici anni).

c.   Studentereksamen, Handelsskole, Teknisk skole (Scuola secondaria dai sedici ai diciannove anni).

d.   Erhvervsuddannelse, svendeprøve (Scuola superiore sino ai venti anni).

Il termine generale del corrispettivo Dirigente scolastico italiano è, in Danimarca, Skoleleder.

Esso è, però, nei diversi gradi di scuola, così denominato:

Skoleinspektør nella scuola primaria e secondaria inferiore (folkeskole);

Rektor nella scuola superiore (erhvervsuddannelse, svendeprøve).

E' lo Stato, che, nella società danese, governa, attraverso gli enti locali, la pubblica istruzione, vale a dire::

l'ente comunale che ha la gestione delle scuole materne e dell'istruzione primaria e secondaria inferiore (folkeskole);

la contea che governa l'istruzione secondaria superiore generale.

I candidati a Skoleleder devono, per poter partecipare alla selezione, possedere i seguenti titoli di studio e di formazione:

certificato di cittadinanza;

certificato di buona condotta;

esperienza professionale e didattica.

La disponibilità dei posti, che vengono messi a concorso, sono resi pubblici attraverso dei bandi. I partecipanti vengono valutati dallo skolebestyrelse (organo composto da genitori e insegnanti); tale organo è responsabile del funzionamento scolastico.

La selezione viene effettuata dal consiglio comunale, tenendo conto:

dei titoli di studio;

del curriculum vitae;

di una valutazione;

di un colloquio.

La nomina è eseguita dal comune quando si tratta di una scuola primaria e secondaria inferiore (folkeskole) o dalla contea quando le scuole sono quelle secondarie superiori.

Lo skoleleder, dopo l'assunzione, ha la responsabilità:

-    dell'attività amministrativa e pedagogica dell'istituzione scolastica, che dirige.

Lo skoleleder predispone un piano delle attività scolastiche, che presenta allo skolebestyrelse per l'approvazione, ed è, poi, responsabile del funzionamento della scuola e della manutenzione dell'edificio scolastico. Lo skoleleder ha il compito di proporre allo skolebestyrelse il numero massimo di alunni per classe, il bilancio scolastico e le attrezzature necessarie e manifesta il proprio punto di vista al consiglio comunale, concernente la nomina e il licenziamento degli insegnanti e del personale scolastico.

Lo skoleleder, per quanto riguarda le questioni didattiche, ha un'elevata autonomia, vale a dire:

supervisione degli incarichi da assegnare al personale docente;

orario delle lezioni;

formazione delle classi;

ripartizione delle funzioni non didattiche;

scelta delle materie facoltative (tra quelle ammesse);

iscrizione degli alunni.

Lo skoleleder affronta le problematiche didattiche con il consiglio pedagogico (paedagogisk råd). Quest'organo, che è costituito anche dagli insegnanti della scuola, ha una funzione consultiva nei confronti dello skoleleder, riguardante i: programmi scolastici, la formazione delle classi, la ripartizione dei corsi e delle discipline, il regolamento per le escursioni, le sperimentazioni, le giornate a tema, i circoli di studio, le classi comuni e così via

Lo skoleleder può continuare ad insegnare e ciò dipende dalle dimensioni della scuola. Egli è, infine, sottoposto, come tutti i dipendenti pubblici danesi, ad un periodo di prova di due anni. La formazione continua, in Danimarca, è, nella scuola primaria e secondaria inferiore (folkeskole), programmata dalla Scuola reale danese di studi pedagogici e, nelle scuole secondarie superiori, viene disposta e organizzata dal Dipartimento d'istruzione secondaria superiore.

Ordinamento degli studi e identikit del Dirigente scolastico in Estonia

L'istruzione è obbligatoria dai sette ai sedici anni; la scuola di base, unitaria, dura nove anni e coincide con l'obbligo scolastico; la secondaria superiore, triennale, può essere di tipo generale e di tipo tecnico-professionale.

Il sistema d'istruzione obbligatoria estone si divide in:

a)   Alusharidus (istruzione prescolastica), che è organizzata con asili nido e con altri istituti per l'assistenza di bambini. L'alusharidus non fa parte del sistema d'istruzione formale.

b)   Põhiharidus (istruzione primaria), che è costituita dalle põhikool (scuole primarie) ed è obbligatoria. Inizia a sette anni e continua fino al completamento dell'istruzione primaria (9 classi) o fino ai diciassette anni d'età, anche senza conseguire il possesso del diploma di scuola primaria.

c)   Keskharidus (istruzione secondaria), che consiste nella üldkeskharidus (istruzione secondaria generale), nella kutsekeskharidus põhihariduse baasil (istruzione secondaria professionale successiva alla scuola primaria) e nella kutsekeskharidus keskhariduse baasil (istruzione secondaria professionale successiva all'istruzione secondaria generale). L'istruzione secondaria non è obbligatoria, ma è necessario completarla per poter intraprendere gli studi al livello superiore.

d)   Kõrgharidus (istruzione superiore), che è costituita dalle ülikool (università) e dal rakenduskõrgkool (settore dell'istruzione superiore applicata). Le università forniscono anche corsi d'istruzione superiore professionale. Gli istituti d'istruzione superiore professionale propongono corsi che rappresentano il primo grado dell'istruzione superiore e corrispondono ai corsi di laurea di primo grado (Bachelor) delle università.

In Estonia per diventare capi d'istituto, i docenti devono, come procedura per la selezione a capo d'istituto, possedere:

esperienza d'insegnamento;

esperienza professionale;

esperienza nell'ambito amministrativo e gestionale di un'istituzione scolastica;

esperienza nelle attività di formazione;

esperienza in campo comunicativo e di leadership.

Ordinamento degli studi e identikit del Dirigente scolastico in Finlandia

La scuola è, in Finlandia, obbligatoria dai sette ai sedici anni; la scuola di base, unitaria, dura nove anni, dai sette ai sedici di età per chi prosegue gli studi, mentre per chi li lascia è previsto un anno aggiuntivo. La scuola secondaria superiore è composta da un triennio di tipo umanistico-scientifico o tecnico-professionale, frequentabile quest'ultimo in alternanza scuola-lavoro.

Il sistema scolastico finlandese è, pertanto, suddiviso in:

a. Pre-Peruskoulu (Scuola Pre-Primaria dai sei ai sette anni).

b. Peruskoulu (Scuola primaria e secondaria dai sette ai sedici anni).

c. Lukio Gymnasium (Scuola secondaria dai sedici ai diciannove anni).

d. Yliopisto e AMK (Università e Politecnici).

Il Dirigente scolastico, in Finlandia, è denominato rehtori. Questi è un dipendente statale e, nello svolgere compiti amministrativi e gestionali, deve anche dedicarsi all'insegnamento; infatti, conserva lo status d'insegnante.

Il rethori finlandese, per acquisire la qualifica a svolgere tale ruolo, deve possedere:

diploma universitario;

qualifica d'insegnante corrispondente al livello d'istruzione dell'istituto che deve dirigere;

esperienza d'insegnamento;

certificato, rilasciato dal National Board of Education, o conoscenza documentata riguardante l'amministrazione educativa.

La responsabilità del reclutamento del rehtori è, in Finlandia, assunta dalle municipalità, le quali stabiliscono anche i criteri e le procedure della selezione. Il rehtori deve, altresì, svolgere un numero di ore settimanali d'insegnamento (variabile da 1 a 13) in base alle dimensioni e al livello educativo dell'istituzione scolastica, che dirige; tali attività si aggiungono a quelle di responsabilità amministrative, finanziarie e didattiche.

La valutazione per il capo d'istituto finlandese non è formalizzata; tuttavia, la municipalità, quando viene rinnovato l'incarico al rehtori, può intervenire, sottoponendolo ad un colloquio, per verificare come le attività, svolte durante l'anno, siano state sviluppate e quali esiti abbiano avuto.

Ordinamento degli studi e identikit del Dirigente scolastico in Francia

La scuola francese è obbligatoria dai sei ai sedici anni; la scuola elementare è articolata in un biennio e in un triennio; la scuola secondaria inferiore, unitaria per i primi tre anni, al quarto anno può diversificarsi per chi frequenterà i licei generali-tecnici o i licei professionali di durata triennale.

Il sistema scolastico francese si articola in:

a. Ècoles Maternelles (Scuola pre-primaria dai due ai sei anni), facoltativa e gratuita nelle scuole statali.

b. Ècoles Èlémentaires (Scuola primaria dai sei agli undici anni), obbligatoria e suddivisa in Cycle des apprentissagges fondamentaux e in Cycle des approfondissements.

c. Colléges (Scuola secondaria dagli undici ai quindici anni), che si suddivide in Lycée generale e in Lycée professionale. In tali istituzioni si studia: educazione fisica e sportiva, lingua francese, fisica-chimica, lingua straniera, matematica, scienze della vita e della terra, storia-geografia.

d. Lycées (Licei dai quindici ai diciotto anni).

e. Grandes Ècoles (Istruzione superiore a livello universitario).

L'istruzione è, poi, obbligatoria fino alla seconda classe superiore e non è previsto alcun rilascio di certificati.

In Francia, il Dirigente scolastico, nella scuola pre-primaria e primaria è denominato Directeur d'école. Continua a professare l'insegnamento anche se può essere dispensato parzialmente o totalmente in conseguenza delle classi che dirige.

L'esonero può essere:

- parziale quando è responsabile di un numero di classi da 10 a 13 per la scuola primaria o di un numero da 9 a 12 classi per la scuola pre-primaria. Può, inoltre usufruire di un esonero dall'insegnamento di 4 giorni mensili, quando dirige dalle 6 alle 9 classi nella scuola primaria e dalle 6 alle 8 classi nell'istituzione scolastica pre-primaria;

- totale se ha una responsabilità di un numero superiore a 13 classi nella scuola primaria o superiore a 12 classi nell'istituzione scolastica pre-primaria.

Il Dirigente scolastico che guida e governa i Colléges (Scuola secondaria dagli undici ai quindici anni), è detto Principal e quello che dirige la scuola secondaria superiore (Lycée) viene chiamato Proviseur. Ambedue hanno, come status, quello di personale dirigente (Personnel de direction). Infatti, dirigono le istituzioni scolastiche in qualità di rappresentati dello Stato e sono soggetti all'autorità del Recteur e dell'Inspecteur d'académie.

Il Directeur d'école viene assunto in ruolo sottoponendosi, come candidato, ad una commissione, costituita a livello dipartimentale. Tale commissione è composta dall'Inspecteur de l'Education nationale, da un Directeur d'école ed è presieduta da un Inspecteur d'académie o da un suo rappresentante. I candidati, dopo l'esame del curriculum e aver sostenuto un colloquio, entrano, quando il parere della commissione è positivo, in una liste d'aptitude (graduatoria) redatta ogni anno dai départements. La nomina in ruolo viene eseguita dall'Inspecteur d'académie.

L'assunzione in ruolo del Personnel de direction si ha, invece, per concorso o per chiamata diretta da una liste d'aptitude.

Il candidato che si sottopone al concorso deve superare due prove:

- la prima è quella di ammissibilità, ovvero l'esame di un fascicolo personale (informazioni amministrative, profilo storico della carriera, una lettera, contenente la motivazione, e una scheda del parere, a livello gerarchico, sulla candidatura).

- la seconda prova è quella di ammissione con la commissione. Essa prevede un tema e un colloquio, che sono rivolti tanto a valutare le conoscenze professionali, fondate sullo studio di un caso concreto concernente l'attuazione della progettazione educativa in un istituzione scolastica, quanto a verificare la motivazione, le attitudini, la capacità di dialogare e di comunicare. Lo svolgimento della prova avviene in tre momenti, ovvero due ore di verifica della preparazione, 15 minuti di relazione scritta e 45 minuti concernenti il colloquio.

Il concorso è bandito annualmente e si svolge nel primo trimestre dell'anno in corso. In tal modo, i candidati che superano le prove o che vengono reclutati dalle liste d'aptitude, sono assegnati per due anni ad un'académie e vengono nominati, per svolgere il ruolo di vice capo dell'istituzione scolastica (in qualità di personnel de direction stagiaire), dal Recteur dell'académie. Per i candidati, assunti con concorso, è obbligatorio un tirocinio di due anni; quelli che, invece, vengono reclutati dalla liste d'aptitude sono tenuti a svolgere un tirocinio di un anno. La"Titularisation" (nomina ufficiale), di conseguenza, avviene dopo lo svolgimento con successo del periodo di tirocinio.

Ordinamento degli studi e identikit del Dirigente scolastico in Germania

L'istruzione tedesca è obbligatoria dai sei ai sedici anni ed è scuola a tempo pieno e a tempo parziale fino a diciannove; la scuola primaria dura quattro anni; quella secondaria inferiore, ad indirizzi differenziati, dura sei anni; la secondaria superiore è normalmente triennale; di quest'ultima alcune filiere possono essere frequentate in alternanza scuola-lavoro.

Il sistema scolastico tedesco si suddivide, pertanto, in:

a.   Grundschule (Scuola primaria dai sei agli undici anni).

b.   Hauptschule e Realschule (Scuola secondaria dagli undici ai sedici anni).

c.   Gimnasium (Scuola media e Liceo dagli undici ai diciannove anni). Gli alunni del Gymnasium studiano le seguenti discipline: arte, lingue-letteratura, matematica, scienze sociali, scienze naturali e tecnologia.

Le discipline obbligatorie nella scuola primaria della Germania sono: area disciplinare introduttiva alle scienze naturali e sociali, aritmetica, arte, educazione religiosa, lettura, musica, scrittura, sport.

Il Dirigente scolastico ha, in Germania, una denominazione che varia in base al livello d'istruzione. Nella scuola primaria (Grundschule) è detto Rektor; nella scuola secondaria continua ad essere denominato Rektor nella Hauptschule; diventa, poi, Realschulrektor nella Realschule. Al Gimnasium (scuola media o Liceo) assume l'appellativo di Studiendirektor o Oberstudiendirektor. Il capo d'istituto tedesco è, come termine generico, detto Schulleiter ed è un dipendente pubblico, assunto dal Länd.

In tale realtà, per accedere al ruolo di Dirigente scolastico (Schulleiter), è richiesto:

la qualifica d'insegnante;

una formazione specifica;

l'esperienza sia d'insegnamento sia di gestione;

> un giudizio positivo ottenuto nelle valutazioni durante il periodo d'inseg-namento;

> un'esperienza fatta, come vice capo dell'istituzione scolastica;

> un periodo di esperienza effettuato nell'ambito della funzione direttiva.

La disponibilità dei posti che viene messa a concorso per la nomina a Schulleiter è ufficialmente presentata e diffusa come informazione su Ministerialblätter (bollettino ministeriale) o sui giornali. Il candidato, per superare il concorso, deve dimostrare capacità e competenze sia a livello didattico-amministrativo sia a livello valutativo e autovalutativo.

Gli Enti locali, come finanziatori delle istituzioni scolastiche, e l'organo consultivo della scuola o Schulkonferenz, costituito da alunni, genitori e insegnanti, partecipano attivamente alla selezione delle candidature a Schulleiter.

Lo Schulkonferenz è, in verità, coinvolto in maniera diversa nei vari Länder. La decisione finale, riguardante la nomina a Schulleiter, spetta, tuttavia, per legge allo Schulaufsichtsbehörde (Ispettorato scolastico).

Lo Schulleiter, mentre svolge il ruolo di dirigente, contemporaneamente insegna, anche se con un orario ridotto per consentirgli di soddisfare le funzioni amministrative e gestionali dell'istituto che dirige. Egli ha il compito di attribuire ad ogni insegnante le classi, di fissare l'orario settimanale delle lezioni, di vigilare sugli alunni.

Lo Schulleiter ha, inoltre, il compito e la responsabilità di valutare gli insegnanti, basandosi sull'osservazione durante le lezioni; i risultati della valutazione sono trascritti nei rapporti che descrivono le conoscenze, le capacità didattiche e le competenze degli insegnanti. Ha la responsabilità finale, in collaborazione con gli Schulaufsichtsbeamten (Ispettori scolastici), della valutazione degli insegnanti per l'avanzamento di carriera, attraverso colloqui, rapporti di rendimento dell'insegnamento e condotta professionale. Lo Schulleiter è, infine, come tutti i dirigenti pubblici, soggetto a valutazione. L'organo, che è responsabile della valutazione dello Schulleiter è il dipartimento per la supervisione scolastica di ogni consiglio distrettuale. Tale dipartimento è formato da ispettori scolastici. I criteri di valutazione sono fissati dalle linee guida concernenti il servizio pubblico nel settore dell'educazione. Tali linee guida sono emanate dai Ministri dell'educazione e degli affari culturali di ogni Länd.

In Germania è da precisare che gli esiti della valutazione non incidono sulla retribuzione, perché quest'ultima viene stabilita dai regolamenti, che riguardano i dipendenti, dei singoli Länder; essa dipende, quindi, dalle dimensioni dell'istituzione scolastica (numero di alunni e di insegnanti) e dal livello d'istruzione (primario, secondario di primo grado o di secondo grado).

Ordinamento degli studi e identikit del Dirigente scolastico in Grecia

L'istruzione, in Grecia, è obbligatoria dai cinque ai quindici anni; la scuola primaria dai sei ai dodici anni, seguita da una media inferiore di tre anni e da un liceo di altri tre o da altre tipologie d'istruzione secondaria superiore, di solito triennali, di cui alcune frequentabili in alternanza scuola-lavoro.

Il sistema scolastico greco si articola in:

a. Demotiko (Scuola primaria dai sei ai dodici anni).

b.   Gymnasio (Scuola secondaria inferiore dai dodici ai quindici anni).

c.   Eniaio Lykeio (Scuola Superiore dai quindici ai diciotto anni).

d.   Technika Epaggelmatika Ekpaideftiria - EE (Formazione Tecnico-professionale dai quindici ai diciassette anni).

e.   Institouto Epaggelmatikis Katartisis-IEK (Formazione professionale dai quindici ai diciassette anni).

Le discipline obbligatorie nell'istruzione primaria greca sono: educazione fisica, geografia, lingua greca, lingua straniera, matematica, scienze, storia, studi ambientali, studi estetici, studi sociali, religione. Nella scuola secondaria si studia: arte, lingua e letteratura greca (antica e moderna), lingua straniera, matematica, orientamento professionale, scienze, storia, religione.

Il Dirigente scolastico, in Grecia, è denominato, nell'istruzione pre-scolastica e primaria, Diefthindís-Diefthíndria, nella scuola secondaria inferiore Gymnasiárchis e in quella secondaria superiore Lykiárchis. Ogni istituzione scolastica (diefthindís scholeíou) è diretta, in base al numero degli alunni e delle sezioni, anche da uno o due assistenti..

La selezione dei diefthindés scholeíon per l'istruzione pre-scolastica, primaria e secondaria si fonda sui seguenti criteri:

formazione accademica e pedagogica;

stato di servizio;

esperienza d'insegnamento;

capacità e attitudini amministrative e dirigenziali;

attività sociali;

esperienza di lavoro in gruppo.

La selezione viene effettuata da una commissione, composta da:

- un rappresentante della scuola, scelto dagli insegnanti;

- un rappresentante dei genitori e dei tutor;

- un rappresentante, a patto che sia genitore, dell'ente locale.

Il consiglio regionale per l'istruzione primaria e secondaria della prefettura redige, sulla base del rapporto e dei criteri predisposti, una lista dei candidati, che viene sottoposta al prefetto competente per l'approvazione; tale lista ha una validità di due anni.

Il prefetto, dopo la nomina dei diefthindés scholeíon, invita chi è qualificato e interessato ad assumere il posto di assistente, come capo d'istituto della scuola in cui opera, a presentare domanda entro dieci giorni. La nomina a diefthindés scholeíon dura per un periodo di quattro anni; quella degli assistenti ai capi d'istituto ha la stessa durata e viene attribuita, su proposta del consiglio regionale per l'istruzione primaria e secondaria, dal prefetto competente.

Il diefthindís scholeíou ha:

il ruolo di coordinare le attività degli insegnanti e del personale della scuola;

le responsabilità didattiche;

l'onere di presiedere i vari organi collegiali;

le responsabilità amministrative;

la responsabilità delle relazioni con gli insegnanti, con gli alunni, con i genitori e con tutto il personale;

le pubbliche relazioni con gli enti locali e con i consigli regionali

lo svolgimento di un orario d'insegnamento che è maggiore nella scuola primaria (dalle 6 alle 20 ore settimanali) e minore in quella secondaria (dalle 5 alle 19 ore settimanali)..

La formazione non è formalizzata, diefthindés scholeíon possono, tuttavia, partecipare a seminari di breve o lunga durata.

Ordinamento degli studi e identikit del Dirigente scolastico in Irlanda

L'obbligatorietà dell'istruzione, in Irlanda, va dai sei ai sedici anni; la scuola primaria che può essere anticipata a 4 anni di età con un biennio aggiuntivo propedeutico, dura sei anni, cui segue una scuola secondaria inferiore unitaria di tre anni, al termine della quale è possibile un ulteriore triennio o un biennio di secondaria superiore.

La scuola irlandese è, dunque, suddivisa in:

a.   National school (Scuola primaria dai quattro ai dodici anni).

b.   Junior Cycle-Junior Certificate Programme (Scuola secondaria dai dodici ai quindici anni).

c.   Senior Cycle-Leaving Certificate Programme (Scuola Superiore dai quindici ai diciotto anni).

d   Post-Leaving Certificate Courses (Formazione Professionale dai diciotto ai diciannove anni).

Non sono presenti, in Irlanda, strutture prescolastiche, perché i bambini già dai 4 ai 6 anni di età frequentano le scuole primarie. Il Dirigente scolastico è, nelle istituzioni scolastiche irlandesi, denominato Principal teacher, per la cui nomina è richiesta un'esperienza di 5 anni d'insegnamento, valutata positivamente.

Il principal ha responsabilità amministrative, finanziarie, didattiche e relazionali.

Egli, infatti:

amministra la vita scolastica secondo le indicazioni del board of management e, pertanto, deve provvedere all'ideazione, alla creazione, alla promozione delle modalità di raggiungimento degli obiettivi scolastici, all'organizzazione generale dell'orario scolastico, alla nomina del personale non docente, alla ripartizione dei compiti del personale docente e non docente;

governa il bilancio dopo che viene ratificato dal board of management e/o dal Ministero della Pubblica Istruzione;

ha il coordinamento del personale docente, partecipando allo sviluppo del programma educativo e definendo i programmi e gli orari di lezione delle diverse materie;

ha responsabilità sull'orario di ciascuna classe, sulla ripartizione degli insegnanti e degli alunni nelle classi; sull'organizzazione e sulla politica degli esami nonché sulle scelte concernenti le materie facoltative;

s'interessa, condividendo le iniziative con il board of management, di fissare, congiuntamente agli insegnanti, un codice disciplinare per gli studenti, di organizzare un servizio di tutor per gli studenti, di dipanare i conflitti tra insegnanti e alunni, d'informare i genitori sul comportamento, sul rendimento e sulla condotta scolastica degli alunni, di programmare le riunioni per insegnanti e per genitori, di stabilire le giornate di ricevimento o altri avvenimenti, di sospendere gli studenti quando incorrono in infrazioni disciplinari, d'interpellare l'economo e i rappresentanti degli insegnanti su tutte le questioni riguardanti la scuola;

assume incarichi didattici, in base alle dimensioni della scuola, ovvero nelle istituzioni scolastiche primarie con un numero di insegnanti inferiore o uguale a otto deve svolgere un orario completo d'insegnamento, mentre nella scuola postprimaria non è tenuto all'insegnamento se il numero di alunni è pari o superiore a 60.

Nel sistema educativo irlandese non è previsto un sistema formale di valutazione.

Ordinamento degli studi e identikit del Dirigente scolastico in Italia

L'Istruzione è, in Italia, obbligatoria dai sei ai sedici anni; la scuola primaria è quinquennale e dura fino a dieci anni e sei mesi, cui segue la scuola secondaria di primo grado, che è unitaria e dura tre anni; la secondaria di secondo grado è articolata in percorsi quinquennali di tipo liceale, tecnico o professionale o sostituita da percorsi triennali di Istruzione e Formazione professionale o di apprendistato.

Essa si articola in:

a. Scuola dell'infanzia, dai due anni e sei mesi ai cinque anni e sei mesi.

b. Scuola primaria dai cinque anni e sei mesi ai dieci anni e sei mesi.

c. Scuola secondaria di primo grado dai dieci anni e sei mesi ai tredici anni e sei mesi.

d. Scuola secondaria di secondo grado (Licei, Istituti tecnici, Istituti professionali) dai tredici anni e sei mesi ai diciassette anni e sei mesi.

e. Università.

Il profilo del Dirigente scolastico italiano è descritto nell'art. 25 del D.Lgs. n. 165 del 2001, che fa propria la specifica figura dirigenziale del capo d'istituto. Tanto i provvedimenti attuativi della legge n. 59 del 1997, come l'attribuzione della qualifica dirigenziale (D.Lgs. n. 59 del 1998) e il regolamento dell'autonomia (D.P.R. n. 275 del 1999), quanto l'art. 25 del summenzionato D.Lgs. n. 165 e il D.Lgs n. 150/2009 dimostrano l'inutilità della riforma, denominata in maniera ridondante la "buona scuola".

La descrizione, che è contenuta nell'art. 25 del D.Lgs. n. 165, fissa un corretto equilibrio tra la dimensione direttiva del capo d'istituto (responsabilità, autonomi poteri di direzione, discrezionalità gestionali, capacità manageriali e così via) e quella "distribuita" all'interno dell'istituzione scolastica e sul territorio (valorizzazione delle risorse professionali e svolgimento della funzione di coordinamento progettuale). Un profilo, dunque, non solo di dirigente pubblico, ma anche di costruttore di comunità.

Il D.Lgs. n. 165/2001, all'art. 25, sostiene, a tale scopo, che il Dirigente scolastico deve:

garantire la gestione unitaria dell'istituzione scolastica, che dirige, e organizzare "l'attività scolastica secondo criteri di efficienza ed efficacia formative ed è titolare delle relazioni sindacali";

promuovere le azioni necessarie, affinché venga assicurata ed esercitata, nelle istituzioni scolastiche, "la qualità dei processi formativi, la collaborazione delle risorse culturali, professionali, sociali ed economiche del territorio", la "libertà d'insegnamento, intesa anche come libertà di ricerca e innovazione metodologica e didattica", la libertà delle famiglie nella scelta educativa e il diritto all'apprendimento da parte degli allievi;

adottare provvedimenti per la gestione delle risorse e del personale;

avvalersi non solo di docenti autonomamente individuati, cui delegare specifici compiti, ma anche dell'ausilio e della collaborazione del responsabile amministrativo (Direttore dei servizi generali e amministrativi), che ha la funzione di sovrintendere, "con autonomia operativa, nell'ambito delle direttive di massima impartite e degli obiettivi assegnati, ai servizi amministrativi e ai servizi generali dell'istituzione scolastica, coordinando il relativo personale";

presentare periodicamente al Consiglio d'istituto una motivata relazione sulla direzione e sul "coordinamento dell'attività formativa, organizzativa e amministrativa, al fine di garantire la più ampia informazione e un efficace raccordo per l'esercizio delle competenze degli organi dell'istituzione scolastica".

Nel 2009, con il D.Lgs. n. 150 l'equilibrio tra potere e responsabilità del Dirigente scolastico, fissato dall'art. 25 del D.Lgs. n. 165, si sposta, sulla scia della proposta di legge per la riforma della scuola di Valentina Aprea (2008), decisamente a favore del potere. Oggi, invece, con il "nuovo" profilo, espresso dalla legge n. 107/2015, soprattutto nei commi da 78 a 85, al Dirigente scolastico viene attribuita un'eccessiva responsabilità, anche penale, a discapito del potere.

Il comma 78 della legge n. 107, a tal proposito, recita: "Per dare piena attuazione all'autonomia scolastica e alla riorganizzazione del sistema d'istruzione, il Dirigente scolastico, nel rispetto delle competenze degli organi collegiali, fermi restando i livelli unitari e nazionali di godimento del diritto allo studio, garantisce un'efficace ed efficiente gestione delle risorse umane, finanziarie, tecnologiche e materiali, nonché gli elementi comuni del sistema scolastico pubblico, assicurandone il buon andamento. A tale scopo, svolge compiti di direzione, gestione, organizzazione e coordinamento ed è responsabile della gestione delle risorse finanziarie e strumentali e dei risultati del servizio, nonché della valorizzazione delle risorse umane".

In Italia, "l'accesso alla qualifica di Dirigente nelle amministrazioni statali, anche a ordinamento autonomo, e negli Enti pubblici non economici avviene per concorso indetto dalle singole amministrazioni, in altre parole per corso-concorso selettivo di formazione presso la Scuola superiore della pubblica amministrazione". Le disposizioni attuative di tale articolo sono riportate nel D.P.R. 16 aprile 2013, n. 70. Con specifico riferimento ai Dirigenti scolastici, prima del 2013, occorreva, comunque, far riferimento all'art. 29 del D.Lgs. n. 165/2001, che, nel 2013, viene sostituito dall'art. 17 del D.L. n. 104, convertito in legge (n. 128/2013); questo stabilisce che "il reclutamento dei Dirigenti scolastici si realizza mediante corso-concorso selettivo di formazione, bandito dalla Scuola nazionale dell'amministrazione.

Il corso-concorso è, inoltre, bandito annualmente per tutti i posti vacanti, il cui numero viene comunicato dal MIUR alla Presidenza del Consiglio dei Ministri (Dipartimento della funzione pubblica) e alla Scuola nazionale dell'amministrazione". Al corso-concorso si può partecipare ed essere ammessi in numero superiore a quello dei posti, secondo una percentuale massima del 20%. Può partecipare il personale docente ed educativo delle scuole statali che sia in possesso del relativo diploma di laurea magistrale, conseguita in base all'ordinamento in vigore, e che abbia maturato un'anzianità complessiva nel ruolo di appartenenza di almeno cinque anni. L'art. 17 della legge n. 128 prevede anche il pagamento di un contributo da parte dei candidati per le spese della procedura concorsuale. Il concorso si potrebbe svolgere su una prova preselettiva e comprende sia una o più prove scritte, cui sono ammessi tutti i partecipanti che superano l'eventuale preselezione, sia la prova orale, cui segue la valutazione dei titoli.

Il corso-concorso, secondo l'art. 17 della l. n. 128/2013, modificato dalla legge di stabilità del 2016, si sarebbe dovuto svolgere presso la Scuola nazionale dell'amministrazione, sia in giorni e con orari e metodi compatibili con l'attività didattica dei partecipanti sia con un'eventuale riduzione del loro carico didattico. Le spese di viaggio e di alloggio sarebbero state a carico dei partecipanti. Le modalità di svolgimento delle procedure concorsuali, la durata del corso e le forme di valutazione dei candidati ammessi sarebbero state stabilite con decreto del Presidente del Consiglio dei Ministri, su proposta del Ministro dell'istruzione, dell'università e della ricerca, di concerto con il Ministro per la pubblica amministrazione e la semplificazione e con il

Ministro dell'economia e delle finanze. Tale procedura è stata, tuttavia, messa in discussione e cambiata con la legge di stabilità del 2016, di cui i commi 217 e 218 modificano parte dell'art. 17 del D.L. n. 104/2013 e l'art. 29 del D.Lgs. n. 165/2001.

La modifica sostanziale concerne la revoca della gestione del corso-concorso alla Scuola nazionale dell'amministrazione; il MIUR si riappropria, in tal modo, della regia del concorso nazionale e dei relativi fondi necessari per lo svolgimento delle procedure. Anche le modalità di svolgimento, la durata del corso e le forme di valutazione verranno definite con decreto del MIUR e non più decise con DPCM (decreto del Presidente del Consiglio dei Ministri).

Le risorse che erano nella disponibilità della Scuola nazionale dell'amministrazione per il reclutamento e la formazione iniziale passano nei capitoli dello stato di previsione del MIUR. Per il resto è confermato quanto previsto dall'art. 17 del D.L. n. 104/2013.

Il docente aspirante alla funzione di Dirigente scolastico deve, per affrontare il test preselettivo, le due prove scritte e la prova orale, acquisire una formazione, concernente l'intero e complesso bagaglio professionale che attiene alla dirigenza scolastica (teoria delle organizzazioni complesse, servizio alla persona, autonomia, curricolo, metodologia, didattica, valutazione, certificazione delle competenze, RAV e PdM, pedagogia generale e interculturale, psicologia e sociologia, comunicazione istituzionale e interpersonale, sistemi formativi e ordinamenti degli studi italiani ed europei, elementi di diritto – costituzionale, comunitario, penale, civile, lavoro, sicurezza, contabilità di Stato, tutela dei dati personali –, gestione amministrativo-contabile delle scuole, elementi d'informatica).

Una preparazione adeguata deve, dunque, essere a 360°. Come ogni settore della pubblica amministrazione anche la scuola si è, nella società globale, trasformata a livello organizzativo, didattico e metodologico. Essa, oggi, è dunque chiamata a dare risposte di efficacia, di efficienza e di economicità. Di conseguenza, il nuovo profilo del Dirigente scolastico deve propendere al consapevole autoriconoscimento di un ruolo di attore e protagonista, in un vasto scenario, che la governance della scuola autonoma, per una sussidiarietà verticale (Stato, Ue e OCSE-PISA), raccomanda e ne richiede un riscontro.

Un Dirigente, consapevole e responsabile, dovrebbe perciò, per espletare, perciò, tale funzione, acquisire e possedere elevate conoscenze e collaudate competenze; anzi, dovrebbe essere in grado non solo di prospettare soluzioni attendibili ed efficaci ai complessi problemi della società della conoscenza, ma anche favorire e sostenere, con una gestione accorta ed equilibrata delle risorse materiali e umane, i percorsi scolastici e i processi di apprendimento, funzionali al successo formativo delle future generazioni.

Oggi, la versione del Regolamento, per diventare Dirigente scolastico, prevede che lo svolgimento del corso-concorso avvenga con:

– una prova preselettiva, che si basa su 50 domande a risposta chiusa; il punteggio massimo conseguibile è 100 (+ 2.0 punti per risposta esatta, – 0,7 punti per risposta errata e 0,0 punti per risposta non data);

– una prova scritta, che prevede 5 domande a risposta aperta, di cui una in lingua (a scelta tra inglese, francese, tedesco, spagnolo) sulle materie indicate nell'art. 10 del Regolamento del concorso; il punteggio massimo conseguibile è 100 (21 punti per ciascuna domanda a risposta aperta di carattere generale e 16 punti per la risposta in lingua);

– una prova orale, che verte sulle tematiche indicate dall'art. 10 del Regolamento, compresa una verifica delle conoscenze informatiche e di una lingua straniera prescelta da parte del candidato. Il punteggio massimo ottenibile è 100 (lo scritto e l'orale si superano con un minimo di 70 punti);

– valutazione dei titoli, per cui il punteggio massimo ottenibile è 30;

– un corso di formazione generale, organizzato a livello regionale, della durata di 4 mesi di cui una parte non superiore a 2 mesi erogabile anche a distanza, che è valutato da una Commissione diversa da quella giudicatrice del concorso;

– un tirocinio di 4 mesi, per i candidati che abbiano superato il corso di formazione con profitto, che si svolge presso istituzioni scolastiche individuate dall'USR, con priorità a quelle affidate in reggenza. Al tirocinante è affiancato un tutor individuato dall'USR;

– colloquio finale, superato il quale i candidati sono inseriti nella graduatoria generale di merito, che è a carattere nazionale ed è formulata in base al punteggio complessivo finale conseguito da ciascun candidato. I vincitori saranno pari al numero di posti messi a concorso;

– assunzione in servizio per i vincitori, determinata dalla posizione nella graduatoria e dalle preferenze espresse dagli stessi all'atto dello scorrimento; i vincitori hanno l'obbligo di permanenza in servizio per un periodo pari (3 anni) alla durata minima dell'incarico.

Ordinamento degli studi e identikit del Dirigente scolastico in LettoniaLa scuola è obbligatoria dai cinque ai sedici anni; è strutturata in: scuola di base; scuola unitaria di sei anni (dai sette ai tredici d'età), che, a sua volta, si suddivide in due possibili percorsi triennali di secondaria superiore. A partire da 15-16 anni è possibile frequentare in alternativa percorsi di tre o quattro anni di tipo professionale.

Il sistema scolastico lettone si articola in:

a.	Pirmskolas izglîtîba (istruzione prescolastica) che è obbligatoria per tutti i bambini di 5-6 anni.

b.	Obligâtâ pamatizglîtîba (istruzione obbligatoria di base) dai sette ai sedici anni.

c.	Vispârçjâ vidçjâ izglîtîba (istruzione secondaria superiore) che si divide nei profili di:

1.	istruzione generale;

2.	ramo umanistico e sociale;

3.	matematica-scienze naturali-materie tecniche;

4.	professionale (arti, musica, commercio, sport).

I docenti, che aspirano, in Lettonia, a diventare capi d'istituto, devono possedere, come procedura per la selezione, i seguenti prerequisiti:

- esperienza d'insegnamento;

- esperienza professionale;

- esperienza nell'ambito amministrativo;

- esperienza di gestione;

- esperienza nelle attività di formazione;

- esperienza tanto nell'ambito di leadership quanto in campo comunicativo.

Ordinamento degli studi e identikit del Dirigente scolastico in Lituania

L'istruzione è obbligatoria dai sette ai sedici anni; la scuola primaria è quadriennale e ha due percorsi; la scuola secondaria inferiore è, in Lituania, di 6 anni, e si completa con un biennio di secondaria superiore. In alternativa sono possibili percorsi di tipo ginnasiale, di durata quadriennale, o professionali di 3-5 anni.

Il sistema scolastico della Lituania si articola in:

a.   Istruzione generale:

1.   Bendrasis ugdymas (istruzione generale), suddivisa nei livelli:

–   Pradinis ugdymas (istruzione primaria);

–   Pagrindinis ugdymas (istruzione secondaria inferiore e scuole per i giovani);

–   Vidurinis ugdymas (scuola secondaria generale, scuola secondaria superiore, istituto secondario superiore artistico);

2.   Aukõtasis mokslas (istruzione superiore), che comprende:

–   Universitetus (università);

–   Kolegijas (istituti superiori);

3.   Pagrindinis profesinis mokymas (VET).

b. Istruzione specifica

1. Meninis ugdymas (educazione artistica);

2. Kalbø kursai (corsi linguistici);

3. Sportas (sport).

In Lituania, i criteri e la procedura, per la selezione dei capi d'istituto, sono fondati sul fatto che i docenti devono possedere;

- esperienza nell'ambito dell'insegnamento;

- esperienza a livello professionale;

- esperienza amministrativa;

- esperienza di management;

- esperienza nelle attività formative;

- esperienza di leadership;

- esperienza nel campo della comunicazione interpersonale e pubblica..

Ordinamento degli studi e identikit del Dirigente scolastico nel Lussemburgo

L'istruzione è obbligatoria dai quattro ai sedici anni; la scuola primaria è suddivisa in 3 bienni, cui può seguire un liceo di tipo generale (3 anni + ulteriori 4), oppure un liceo professionale che, dopo il primo triennio, si articola in istituti tecnici quadriennali e professionali triennali; questi ultimi possono essere frequentati in alternanza scuola-lavoro.

L'anno scolastico inizia il 15 settembre e termina il 15 luglio. Nel Lussemburgo si studiano tre lingue. La lingua nazionale è il "Lëtzebuergesch" e le lingue ufficiali sono il tedesco e il francese. L'insegnamento nelle scuole primarie inizia con la lingua nazionale "Lëtzebuergesch" e il tedesco. Poi, nel secondo anno, viene introdotto il francese come seconda lingua straniera.

Il sistema scolastico lussemburghese è suddiviso in:

a. Éducation précoce (la prima istruzione), destinata ai bambini dai tre ai cinque anni.

b.   Istruzione primaria (sei anni).

c.   Istruzione secondaria (tre anni), che si suddivide in generale (lycée classique di 7 anni) e tecnica (lycée technique di 7 anni).

Nella società lussemburghese non è presente alcuna figura di Dirigente scolastico alle scuole primarie. Pertanto, in tale grado d'istituzione scolastica, il lavoro degli insegnanti, i programmi e i metodi della didattica dipendono dagli ispettori. Questi rispondono dell'operato delle scuole al Ministero della pubblica istruzione. Il capo d'istituto alla scuola secondaria è, invece, presente ed è denominato Directeur o Directeur adjoint.

Per accedere al ruolo di capo d'istituto nel Lussenburgo bisogna possedere:

diploma o licence d'insegnante d'istruzione secondaria;

diploma o licence d'insegnante, laureato in ingegneria, o insegnante d'istruzione secondaria tecnica.

Coloro che intendono partecipare alla selezione devono produrre istanza al Ministero della Pubblica Istruzione; successivamente la scelta viene, su proposta del ministro competente, fatta dal Consiglio del governo. Il Directeur, dopo aver superato la selezione è, su proposta del Ministero della Pubblica Istruzione e per decisione del Consiglio di governo, nominato a vita alla guida dell'istituzione scolastica dal Granduca.

I directeurs hanno responsabilità amministrative, finanziarie, didattiche e relazionali. Essi non sono, in ogni modo, soggetti a un sistema di valutazione formale, ma, essendo membri dei "Collèges des Directeurs" (per il grado d'istruzione secondario generale e tecnico). si riuniscono con una certa regolarità, discutendo di legislazione o di normativa scolastica. Nel Lussemburgo i directeurs sono, comunque, in qualche modo soggetti a corsi di formazione continua.

Ordinamento degli studi e identikit del Dirigente scolastico nell'isola di Malta

L'istruzione è obbligatoria dai cinque ai sedici anni; la scuola primaria dura un periodo di sei anni; la secondaria inferiore è di cinque anni e dura fino a sedici anni di età; segue un biennio di secondaria superiore, suddiviso in varie tipologie, di cui alcune possono essere frequentate in alternanza scuola-lavoro. L' anno scolastico va da ottobre a luglio. La pausa estiva inizia il 15 luglio fino al 30 settembre.

Il sistema scolastico è diviso in tre fasi:

a. asilo infantile dai tre ai cinque anni;

b. primaria dai cinque agli undici anni;

c. secondaria dagli undici ai sedici anni con tre opzioni (Junior Lyceums, scuole secondarie e private religiose);

d. terziaria o ciclo di orientamento;

e. scuola delle arti, della scienza e della tecnologia a Malta (MCAST);

f.. università.

A Malta i dirigenti scolastici, per poter partecipare alla selezione a capo d'istituto, devono possedere, come requisiti:

l'esperienza d'insegnamento;

un'esperienza di quattro anni nella posizione di assistente del capo d'istituto;

l'esperienza amministrativa;

un'esperienza quadriennale di coordinamento dell'istruzione inclusiva, di capo di dipartimento o di consulente scolastico;

l'esperienza gestionale;

un'esperienza di 10 anni d'insegnamento.

Ordinamento degli studi e identikit del Dirigente scolastico in Norvegia

La scuola in Norvegia è obbligatoria dai 6 ai 16 anni ed è.suddivisa in tre livelli, ovvero:

la scuola primaria (Barneskole) che deve essere frequentata dai 6 ai 13 anni;

la scuola secondaria inferiore (Ungdomsskole) che deve essere frequentata dai 13 ai 16;

la scuola secondaria superiore (Videregående skole) che può essere frequentata dai 16 ai 19 anni.

Gli allievi, nel primo anno della scuola primaria, studiano l'alfabeto, le operazioni di aritmetica di addizioni e di sottrazioni, le basi della lingua norvegese e della lingua inglese. Dal secondo anno essi vengono avviati allo studio della matematica, della lingua norvegese e della lingua inglese, delle scienze, della religione, dell'estetica e della ginnastica; tali discipline sono integrate dalla geografia, dalla storia e dagli studi sociali dal quinto anno. In Norvegia non vigono i voti ma giudizi sull'andamento scolastico dell'alunno-studente

La scuola secondaria inferiore, anch'essa obbligatoria si concentra sugli studi accademici. Quella superiore è, invece, facoltativa e si suddivide in due percorsi:

- generale (studiespesialisering);

- professionale (yrkesfag).

L'anno scolastico inizia alla metà agosto e termina a fine giugno.

Il Dirigente scolastico è, in Norvegia, denominato, per ogni ordine e grado di scuola, Rektor. Lo Stato cura e governa l'istruzione pubblica servendosi degli enti locali.

Il Rektor, per assurgere a tale ruolo, deve possedere:

- esperienza professionale di tre anni

I posti disponibili sono banditi con avviso pubblico e la selezione deve basarsi principalmente sul curriculum vitae; i candidati sono individuati dalle scuole.

Le nomine vengono fatte dal comune (comitato municipale per l'istruzione) quando concerne l'istruzione obbligatoria (istruzione primaria e secondaria inferiore) e dalla contea (comitato della contea per l'istruzione) quando riguarda l'istruzione secondaria superiore.

Il rektor dirige la scuola e ha responsabilità amministrative, gestionali, pedagogiche e relazionali. Ogni istituzione scolastica fa, tuttavia, riferimento ad un organo consultivo, che è responsabile dell'istruzione e assiste il Rektor. Tale organo, nella scuola dell'obbligo, si chiama samarbeidsutvalg; nella scuola secondaria superiore è detto skoleutvalg Nel primo tipo di scuola, il comune può nominare anche un driftsstyre (comitato di gestione aggiuntivo). Il Rektor, in base alla dimensione della scuola, che dirige, svolge anche attività d'insegnamento. Egli non è, in ogni modo, soggetto a un sistema di valutazione. Infatti, in Norvegia, è l'associazione nazionale dei rektorer (Norsksskolelederforbund) che diventa punto di riferimento per la formazione.

Ordinamento degli studi e identikit del Dirigente scolastico nei Paesi Bassi (Olanda)

L'istruzione, in Olanda, è obbligatoria dai cinque ai diciotto anni; la scuola di base, di otto anni, va dai quattro di età ai dodici; può seguire un percorso di studi secondari di sei anni, articolato in due trienni, oppure di cinque anni, articolato in triennio e biennio, oppure ancora di quattro anni, articolato in due bienni; a sedici anni è possibile iniziare vari percorsi post-secondari non accademici di durata variabile, anche in alternanza scuola-lavoro.

La scuola è suddivisa in:

a. Primary education-bao, sbao (Scuola primaria elementare che va dai quattro ai dodici anni).

b. Secondary education-vo – voortgezet onderwijs (Scuola secondaria dai dodici ai diciotto anni e percorso post-secondario sino a diciotto anni).

c. HBO Hoger Beroepsonderwijs (Istruzione superiore professionale di durata variabile).

d. WOWetenschappelijk onderwijs (Istruzione universitaria).

Nei Paesi Bassi, il Dirigente scolastico ha una denominazione, che si diversifica, in base all'ordine e al grado di scuola. Alla Primary education-bao, sbao (Scuola primaria elementare che va dai quattro ai dodici anni) e nell'Istruzione superiore professionale di durata variabile (HBO Hoger

Beroepsonderwijs).si chiama Directeur. Nella Secondary education-vo – voortgezet onderwijs (Scuola secondaria dai dodici ai diciotto anni e percorso post-secondario sino a diciotto anni) è detto Rector-Directeur.

Il dirigente nell'istruzione primaria e nell'istruzione secondaria devono, per poter essere selezionati, essere insegnanti qualificati e possedere:

esperienza didattica;

esperienza gestionale.

Il directeur e il rector/directeur vengono assunti, dopo la selezione, dalle autorità competenti e diventano, quando la nomina avviene nell'ambito dell'istruzione pubblica, impiegati statali. Assumono, di conseguenza, responsabilità amministrative (funzionamento generale dell'istituzione scolastica, che dirigono), finanziarie, didattiche quelle, relative alle pubbliche relazioni.

Il directeur, che dirige le scuole primarie, deve anche svolgere attività d'insegnamento (per un massimo del 65% del carico totale di lavoro); pure il rector/directeur, che ha la direzione delle scuole secondarie, svolge attività d'insegnamento, in base alle dimensioni della scuola.

La valutazione dei dirigenti scolastici nei Paesi Bassi (Olanda) viene fatta dai bevoegd gezag (insieme di funzionari e autorità competenti). I directeuren e i rectoren/directeuren non sono, tuttavia, obbligati a partecipare a corsi di formazione continua.

Ordinamento degli studi e identikit del Dirigente scolastico in Polonia

L'istruzione polacca è obbligatoria dai cinque ai sedici anni; la scuola primaria è di sei anni (dai sette ai tredici di età) cui segue un ginnasio unitario di tre anni, dal quale si possono intraprendere ulteriori percorsi triennali, di tipo generale, tecnico o professionale.

Essa si articola in:

a. Szkoly Podstawowe (Scuola primaria dai sette ai tredici anni).

b. Gimnasium (Scuola secondaria dai tredici ai sedici anni).

c. Liceum o technikum (Scuola superiore dai sedici ai diciotto anni).

In Polonia, i criteri e la procedura, per la selezione dei capi d'istituto, sono fondati sui seguenti prerequisiti;

- esperienza come insegnante;

- esperienza professionale;

- esperienza amministrativa;

- esperienza di gestione;

- esperienza di formazione;

- esperienza di leadership;

- esperienza nel campo della comunicazione interpersonale e istituzionale.

La valutazione del capo d'istituto viene svolta, a seconda dell'area valutata, dall'organo di gestione dell'istituzione scolastica e/o dal capo dell'autorità educativa regionale, in quanto organo responsabile della valutazione esterna. Essa concerne i seguenti ambiti:

la programmazione e organizzazione di attività educative;

la gestione delle risorse umane;

lo sviluppo professionale.

Ordinamento degli studi e identikit del Dirigente scolastico in Portogallo

L'istruzione, in Portogallo, è obbligatoria dai sei ai diciotto anni; la scuola di base, unitaria, si articola in tre cicli, nell'ordine, di quattro, due e tre anni; la secondaria superiore è triennale, di tipo umanistico-scientifico o di tipo tecnologico, artistico e professionale; questi ultimi sono frequentabili anche in alternanza scuola-lavoro.

Essa è, quindi, articolata in:

a. Escola Basica [Scuola primaria (1° ciclo) e secondaria (2° ciclo) dai sei ai quindici anni].

b.   Escola Secundària (Scuola superiore dai quindici ai diciotto anni – 3° ciclo).

Le discipline obbligatorie, nel primo ciclo d'istruzione, sono: educazione morale e religiosa (facoltativa), espressione artistica, lingua portoghese, matematica, psicomotoria, studio dell'ambiente. Nel secondo ciclo si studiano, invece: educazione artistica e tecnologica, educazione fisica, educazione morale e religiosa (facoltativa), geografia del Portogallo, lingua portoghese, lingua e studi sociali, lingua straniera, storia. Le materie del terzo ciclo sono: educazione artistica, educazione fisica, lingua portoghese, lingua straniera, matematica, scienze fisiche e sociali, storia e geografia. Nei tre cicli sono, poi, previste aree disciplinari, scelte dalla scuola, e attività extracurricolari.

In Portogallo, le funzioni del corrispondente Dirigente scolastico italiano, ovvero dei directores executivos, sono previste, per l'escola basica, da un Decreto del 1991.

I dirigenti scolastici portoghesi hanno, comunque, una denominazione diversificata, in base agli ordini e ai gradi di scuole, vale a dire:

director executivo1 nell'istruzione prescolastica;

director executivo nell'escola basica [Scuola primaria (1° ciclo) e secondaria (2° ciclo) dai sei ai quindici anni], e nella scuola superiore (escola secundària).

Lo Stato, in Portogallo, ha incombenze e responsabilità relativamente ai programmi scolastici, agli esami e ai libri di testo; le Regioni sono, invece, responsabili delle risorse umane e della gestione finanziaria e amministrativa.

I directores executivos, per accedere alla selezione e al ruolo, devono:

essere qualificati all'insegnamento specifico;

essere in sevizio;

aver completato il ciclo di formazione speciale in amministrazione scolastica e in gestione dell'istruzione;

possedere esperienza professionale;

avere un'esperienza d'insegnamento quinquennale;

Il director executivo è scelto per concorso pubblico, che viene organizzato dal presidente del conselho de escola o área escolar (organo formato da insegnanti, genitori, alunni e autorità educative della scuola o di un gruppo di scuole); tale organo è direttivo.

Il conselho de escola individua e dà incarico ad un comitato di procedere alla selezione dei candidati. Il director executivo, che è scelto e viene assunto, ha responsabilità in campo amministrativo, finanziario, didattico e nell'ambito delle pubbliche relazioni. Egli è soggetto, anche se in Portogallo non esiste la formazione continua, a valutazione da parte del direttore regionale dell'educazione.

Ordinamento degli studi e identikit del Dirigente scolastico nel Regno Unito (Inghilterra, Galles e Scozia)

L'istruzione, nel Regno Unito, uscito dall'Unione europea, è obbligatoria dai cinque ai sedici anni e si divide in quattro sistemi scolastici diversi: Inghilterra, Galles, Irlanda del Nord e Scozia. La scuola primaria è di sei anni, articolata in due o tre cicli per le prime tre nazioni, di sette e a ciclo unico per la Scozia; la secondaria è articolata su tre cicli di tre, due e due anni, l'ultimo dei quali è frequentabile anche in alternanza scuola lavoro, tranne che in Scozia, dove la secondaria è articolata in due cicli, di quattro e due anni. L'istruzione nel Regno unito si configura in local authority mantained schools (scuole pubbliche) e in indipendent schools (scuole private).

L'ordinamento scolastico si suddivide, poi, in:

a. Primary Schools (Scuola primaria dai cinque agli undici anni).

b. Secondary Schools (Scuola secondaria dagli undici ai sedici anni).

c. Upper secondary education (Scuola superiore dai sedici ai diciotto anni).

Il curriculum degli studi, nel Regno Unito, si articola in quattro Key stages. Le discipline obbligatorie d'insegnamento sono: disegno e tecnologia, educazione artistica e musica, educazione fisica, geografia, lingua inglese, lingua straniera, matematica, storia, tecnologie informatiche. Nell'ultimo Key stage, il numero delle discipline obbligatorie diminuisce.

Nell'Irlanda del Nord, le discipline obbligatorie per i quattro Key stages si diversificano. Esse sono: ambiente e società, arte e disegno, educazione fisica, educazione religiosa, geografia e storia, lingua inglese, matematica, musica, scienze e tecnologia, studi creativi ed espressivi.

I dirigenti scolastici nel Regno Unito sono, nei livelli d'istruzione (pre-primaria, primaria – primary schools - e secondaria – secondary schools -) sono denominati headteachers. Hanno lo status di dipendenti; non dipendono, tuttavia, dallo Stato e, quindi, sono assunti dai Las (autorità educative locali) oppure dallo school governing body (organo di governo della scuola).

Gli headteachers, per potersi candidare, devono appartenere a insegnanti professionalmente qualificati, possedere un'esperienza elevata dal punto di vista didattico e gestionale, essere incaricato come vice headteacher. A partire dal 2004, con il regolamento, uscito l'anno precedente, denominato Education Head Teachers' Qualifications Regulations viene, nel Regno Unito, stabilito l'obbligo, per i nuovi headteachers, di possedere la National Professional Qualification for Headship (qualifica professionale nazionale) e di acquisirla entro quattro anni dalla nomina.

Per conseguire la National Professional Qualification for Headship bisogna sottoporsi ad un programma che, in base alle competenze, alle qualifiche e alle esperienze del candidato può durare dai se ai quindici mesi. I posti di headteachers, che vengono messi a concorso, sono resi noti attraverso bandi pubblici. Lo school governing body predispone una lista di candidati, che avanzano richiesta. Esso, dopo aver selezionato le domande, sottopone i candidati al colloquio e propone all'autorità educativa locale (Las), che nomina o esonera gli headteachers. In local authority mantained schools (scuole pubbliche) gli headteachers sono assunti con contratto sia a tempo indeterminato sia a tempo determinato e, quando è necessario, possono essere rimossi direttamente dallo school governing body.

Nel Regno Unito, la normativa postula, per la sottoscrizione di contratti a tempo determinato a favore dei headteachers, trasparenza e chiarezza. Tali contratti possono essere concessi per supplenza e per coprire incarichi per un periodo fissato dalla legge. Gli headteachers sono soggetti ai regolamenti disciplinari. previsti e decisi dallo school governing body. Possono anche essere licenziati, per gravi motivi, senza preavviso o destituiti dall'incarico per incapacità, in base a procedure fissate dallo school governing body.

Le modalità per arrivare a tali decisioni possono essere assunte dall'autorità educativa locale che trasmette un rapporto allo school governing body e per conoscenza all'headteacher o dagli ispettori, i quali, dopo un'ispezione sono tenuti a comunicare sulla qualità della capacità di coordinamento e di gestione dell'istituzione scolastica. La normativa permette, tuttavia, ad alcuni headteachers, quando, pur offrendo un servizio accettabile, non sono riusciti a migliorare l'offerta formativa. di "ritirarsi dignitosamente" (Supported Early Retirement Scheme for Heads).

Lo headteacher viene valutato all'interno del Performance Management annuale. Tale valutazione si fonda sulle disposizioni normative del 2001 (Education School Teacher Appraisal Regulations) e sulla nuova versione degli standard nazionali (National Standards for Headteachers), predisposta, nel 2004, dal Department for Education and Skills.

Gli standard nazionali stabiliscono che lo headteacher deve operare positivamente in sei macro-aree, ovvero "creare il futuro, guidare l'apprendimento e l'insegnamento, gestire l'organizzazione, assumersi responsabilità, promuovere l'autoformazione e il lavoro in collaborazione, rafforzare i rapporti con la comunità".

La valutazione viene svolta sugli obiettivi che lo headteacher deve raggiungere annualmente, entro il 31 dicembre, da un nucleo, composto da un consulente esterno, scelto all'interno della Cambridge Education Associates, e dai 2/3 dei componenti dello school governing body con il consulente esterno. Alla fine del processo valutativo lo headteacher incontra il consulente esterno e i membri che rappresentano lo school governing body per esaminarne i risultati raggiunti e per stabilire sia gli obiettivi annuali della prossima offerta formativa sia i criteri per monitorare durante l'anno scolastico i miglioramenti.

Ordinamento degli studi e identikit del Dirigente scolastico nella Repubblica Ceca

L'istruzione è obbligatoria dai sei ai quindici anni; la scuola di base dura nove anni e si suddivide in un ciclo quinquennale e uno quadriennale. Essa è solitamente unitaria tranne che per chi frequenta la filiera di tipo generale, che ha a disposizione uno specifico ciclo quadriennale propedeutico di tipo ginnasiale. La secondaria superiore, che può essere tutta frequentata in alternanza scuola-lavoro, è di tipo ginnasiale o tecnico-professionale, dura quattro anni, con l'opportunità per l'alunno di frequentare cicli brevi di due o tre anni. È, poi, previsto uno specifico percorso di studi musicali dall'undicesimo anno.

Il sistema scolastico ceco è articolato in:

a. Materská skola o scuole materne (dai tre ai sei anni).

b. Základní skola o scuola primaria (dai sei ai quindici anni).

c. Gymnázium di durata quadriennale (15-19 anni).

d. Strední odborná škola o secondario superiore di tipo tecnico, che ha una durata di 2-3-4 anni (età: 15-17–18–19 anni).

e. Strední odborné učilištĕ o secondario superiore di tipo professionale, che dura 2-3-4 anni (età: 15-17-18-19 anni).

I criteri, per selezionare i capi d'istituto, nella Repubblica ceca, sono fondati sui seguenti prerequisiti:

- esperienza d'insegnamento;

- esperienza nell'area professionale;

- esperienza di amministrazione;

- esperienza nell'ambito gestionale;

- esperienza di formazione;

- esperienza di leadership;

- esperienza nel campo della comunicazione interpersonale e sociale.

Ordinamento degli studi e identikit del Dirigente scolastico in Romania

L'istruzione è obbligatoria dai sei ai sedici anni; la scuola primaria è quadriennale; la secondaria inferiore è anch'essa unitaria e quadriennale; le varie tipologie liceali sono di durata quinquennale e possono essere quadriennali se ci s'iscrive all'università; in alternativa ci sono scuole secondarie biennali o triennali di arti e mestieri, frequentabili anche in alternanza scuola-lavoro.

Il sistema scolastico prevede:

a.   scuola primaria che va dai sette agli undici anni;

b.   scuola secondaria inferiore (ginnasi) che va dagli undici ai quindici;

c.   scuola professionale biennale (15-17);

d.   liceo generale di durata quadriennale attraverso cui si consegue un diploma di maturità;

e.   liceo specialistico, il cui percorso varia secondo gli indirizzi, vale a dire da un lato accademia, istituto industriale, agrario e tecnico commerciale (fascia di età 15-19) e, dall'altro, artistico e meteorologico che durano cinque anni (fascia di età 15-20). Il liceo termina con il diploma di maturità e con un attestato professionale, che danno la possibilità di iscriversi a una scuola di specializzazione post-liceale di durata variabile da uno a tre anni (fascia di età 19-22 anni), per conseguire un diploma di specializzazione.

Il conseguimento del diploma consente l'iscrizione a scuole d'istruzione superiore pubbliche e private, come:

−   università;

−   accademia;

−   politecnico;

−   College.

In Polonia, i criteri e la procedura, per la selezione dei capi d'istituto, si basano sui seguenti prerequisiti;

-    esperienza come insegnante;

- esperienza professionale;

- esperienza amministrativa;

- esperienza di gestione;

- esperienza di formazione;

- esperienza di leadership;

- esperienza nel campo della comunicazione interpersonale e istituzionale.

Ordinamento degli studi e identikit del Dirigente scolastico in Slovacchia

L'istruzione è obbligatoria dai sei ai sedici anni; la scuola di base è, generalmente, suddivisa in due cicli quadriennali. Chi è, però, orientato agli studi umanistico-scientifici o musicali può frequentare uno specifico percorso dagli undici anni. La secondaria di secondo grado dura quattro anni, che può essere frequentata in alternanza scuola-lavoro.

Il sistema scolastico della Slovacchia si articola in:

a. Pre-scuola (dai tre ai sei anni);

b. scuola primaria-stupeň základnej školy (6-9 anni);

c. scuola secondaria-stupeň základnej školy (10-15 anni);

d. scuola superiore-Gymnázium di due tipi:

— otto anni "Gymnázium": (10-18 anni);

— quattro anni "Gymnázium": (15-18 anni);

e. stredná odborná škola (15-18 anni);

f. formazione professionale-Stredné odborné učilište – SOU (15-17 o 18 anni).

g. istruzione universitaria dura minimo quattro o cinque anni per una laurea in ingegneria specialistica, che è riconosciuta allo stesso livello di una specializzazione post-laurea.

La procedura e i criteri, per la selezione dei capi d'istituto, in Slovacchia, sono fondati sui seguenti prerequisiti:

- esperienza di insegnante;

- esperienza professionale;

- esperienza amministrativa;

- esperienza gestionale;

- esperienza formativa;

- esperienza di leadership;

- esperienza comunicativa a livello interpersonale e istituzionale.

Ordinamento degli studi e identikit del Dirigente scolastico in Slovenia

L'istruzione è obbligatoria dai sei ai quindici anni; la scuola di base, unitaria, dura nove anni e si articola in tre cicli triennali; al termine è possibile frequentare sia scuole secondarie superiori quadriennali (di tipo generale o tecnico) o di durata variabile, con possibilità di frequenza in alternanza scuola-lavoro, sia scuole di tipo professionali.

Il sistema scolastico sloveno si divide in:

a. prescolastico (1 e a 6 anni) non obbligatorio;

b. scuola primaria-Basic Education:

– otto anni di due livelli (7-15 anni);

– nove anni di tre livelli (6-15 anni);

c. scuola superiore-Gimnazijeegimnazija tecnica (15-19 anni).

I criteri, per selezionare i capi d'istituto, in Slovenia, si basano sui seguenti prerequisiti:

- esperienza d'insegnamento;

- esperienza a livello professionale;

- esperienza in amministrazione;

- esperienza nelle attività gestionali;

- esperienza nel campo formativo;

- esperienza da leader;

- esperienza nell'ambito comunicativo e relazionale.

Ordinamento degli studi e identikit del Dirigente scolastico in Spagna

L'istruzione spagnola è obbligatoria dai sei ai sedici anni; la scuola primaria, articolata in tre bienni, dai sei ai dodici anni, cui segue una secondaria inferiore unitaria di quattro anni e una secondaria superiore anch'essa unitaria di due anni; cicli di studio particolari, validi anche per l'assolvimento dell'obbligo, sono riservati agli studi di musica, danza e arti.

Essa si suddivide in:

a. Education Primaria (Scuola primaria, che va dai sei ai dodici anni).

b. Education Secondaria (Scuola secondaria, che dura dai dodici ai sedici anni).

c. Bachillerato (Scuola superiore, che si protrae dai sedici ai diciotto anni).

d. Formaciòn professional (Formazione professionale, che va dai sedici ai venti anni).

In Spagna, a livello d'istruzione primaria, le discipline obbligatorie sono: conoscenza dell'ambiente naturale, sociale e culturale, educazione artistica, educazione fisica, lingua e letteratura castigliana, lingua e letteratura locale, lingue straniere, matematica, religione (facoltativa).

Nella scuola secondaria si studiano le seguenti discipline: educazione fisica, educazione plastica e visiva, geografia e storia, lingua e letteratura castigliana, lingua e letteratura locale, matematica, religione (facoltativa), scienze sociali, tecnologia. A livello di scuola superiore il curriculum viene stabilito a livello nazionale.

Il Dirigente scolastico è, in Spagna, chiamato, dalla scuola primaria a quella secondaria di secondo grado e professionale, Director, E', come status professionale, un dipendente pubblico e, pertanto, per accedere all'incarico deve possedere rigorosi requisiti, ovvero:

cinque anni di ruolo come maestros, profesores de enseñanza secundaria, profesores técnicos de formación profesional);

cinque anni d'insegnamento nelle aree disciplinari per le quali viene bandita la selezione;

un anno d'insegnamento, a partire dalla pubblicazione del bando, presso un'istituzione pubblica "del livello e del tipo corrispondente";

invio, all'atto della richiesta di partecipazione, di un progetto di gestione dell'istituto educativo, che comprenda gli obiettivi da realizzare, le strategie di attuazione e la valutazione.

Il Director è selezionato da una commissione, composta dal 30% dei rappresentanti dell'istituto, di cui il 50% deve appartenere all'assemblea degli insegnanti di ruolo del livello educativo specifico, e dai rappresentanti delle autorità educative delle diverse comunità autonome che ne determinano percentualmente il numero totale. Questi ultimi rappresentanti fissano anche le procedure e i criteri applicativi per la selezione, che, in linea di massima, tengono conto dei titoli accademici e professionali, dell'esperienza e della valutazione del lavoro, che i candidati, ricoprendo ruoli manageriali e d'insegnamento, hanno svolto e realizzato.

I candidati selezionati sono tenuti a sottoporsi ad un programma di formazione specifica. Dopo il superamento di tale programma, il candidato viene, per un periodo di quattro anni, nominato dalle autorità educative Director dell'istituto. La nomina è soggetta a rinnovo, sempre quadriennale, se, alla fine dell'incarico, il candidato raggiunge i risultati con una valutazione positiva.

Ordinamento degli studi e identikit del Dirigente scolastico in Svezia

L'istruzione svedese è resa obbligatoria dai sette ai sedici anni; la scuola di base, unitaria, viene frequentata dai sette ai sedici anni; la secondaria superiore, di tipo umanistico-scientifico o tecnico-professionale, è triennale. L'istruzione svedese si articola in:

a.   Grundskola (Scuola primaria e secondaria, che va dai sette ai sedici anni).

b.   Gymnasieskola (Scuola superiore, che dura dai sedici ai diciannove anni).

In Svezia dal 1991 l'assunzione del personale è di competenza dei comuni. Alla contea è assegnata, invece, l'organizzazione dell'istruzione secondaria superiore nell'ambito degli indirizzi concernenti l'agricoltura e la sanità. Il corrispondente italiano del Dirigente scolastico è, in Svezia, denominato Director nell'istruzione prescolastica e Rektor sia nell'istruzione primaria e secondaria inferiore (Grundskola) sia in quella secondaria superiore (Gymnasieskola).

I rektorer devono possedere esperienza didattica e formazione di base. Il Parlamento svedese, nel 1992, ha, per i capi d'istituto, approvato un programma nazionale di formazione di base; tale programma, predisposto dalle università e dai colleges universitari con fondi statali finanziati dall'Agenzia nazionale per l'istruzione, si fonda su nuove linee guida e su principi di gestione scolastica.

I rektorer possono accedere al programma con il consenso del comune di appartenenza. Esso ha una durata che va dai 2 ai 3 anni e comprende pressappoco trenta giorni di partecipazione. La formazione riguarda, a livello nazionale, le attività scolastiche, le linee guida e gli obiettivo.

Essa ha, infatti, lo scopo, di far acquisire ai rektorer:

l'individuazione e il raggiungimento degli obiettivi scolastici;

le capacità nella gestione della scuola;

lo sviluppo delle attività didattiche;

la capacità e l'esperienza nel campo valutativo.

I rektorer hanno, all'interno delle scuole svedesi, responsabilità in campo amministrativo, finanziario, didattico e i quello delle pubbliche relazioni. Essi sono assunti dalla scuola con un contratto a tempo indeterminato. I rektorer sono soggetti a una valutazione individuale, anche se la loro performance generale viene definita come parte della responsabilità della Skolverket.

Ordinamento degli studi e identikit del Dirigente scolastico in Ungheria

La scuola ungherese è obbligatoria dai cinque ai diciotto anni; la scuola primaria unitaria di quattro anni, cui possono seguire due tipologie di quadrienni di tipo secondario inferiore; a questi possono seguire due percorsi quadriennali d'istruzione secondaria superiore o le scuole tecnico-professionali di durata variabile, frequentabili in alternanza scuola-lavoro. Essa è, poi, articolata in:

a.   Óvoda (Scuola materna, che va dai tre ai cinque anni di cui uno obbligatorio).

b.   Általànos isola (Scuola primaria, che dura dai sette agli undici anni).

c.   Èvfolvamos gimnàzium (Scuola secondaria, che si protrae dagli undici ai quattordici anni).

d.   Gimnàzium, szakközépiskola, szakképzö programok (Scuola superiore, che va dai quattordici ai diciotto anni).

I criteri e la procedura, per selezionare i capi d'istituto, in Ungheria, si fondano sui seguenti prerequisiti;

-   esperienza nell'area dell'insegnamento;

-   esperienza in ambito professionale;

-   esperienza in campo dell'amministrazione;

-   esperienza nelle attività di gestione;

-   esperienza nell'ambito formativo;

-   esperienza di leadership;

-       esperienza nell'ambito della comunicazione e delle relazioni interpersonali.

I programmi europei per l'istruzione e la formazione

La comunità internazionale è, a livello planetario, formata da tutti gli Stati sovrani che la costituiscono. Essa si fa risalire, storicamente, ad alcune organizzazioni politiche del mondo antico e soprattutto alla comunità cristiana che riuscì a ricondurre a unità di principi e di interessi, principalmente religiosi, i popoli dell'Europa occidentale, dopo l'anno Mille. In tale comunità è sempre presente, anche senza un apparato autoritario istituzionalizzato, un'autorità, intesa in senso sociale, cui gli Stati, singolarmente considerati, sono sottoposti. Da tale condizione nascono il rispetto e l'osservanza delle norme di diritto internazionale. In ogni Stato, tale rispetto e osservanza sono confermati dagli ordinamenti legislativi.

In Italia è sancito dall'art. 10 della Costituzione, in virtù del quale il legislatore non può emanare norme in contrasto con quelle internazionali riconosciute. In caso di conflitto, le norme di diritto internazionale hanno una prevalenza sul diritto interno. L'insieme di norme e di principi, che regolano la coesistenza di più Stati, fonda l'ordinamento internazionale. Le fonti dell'ordinamento internazionale sono le consuetudini internazionali e i trattati internazionali.

Oggi, la principale forma di organizzazione di Stati è l'ONU (Organizzazione nazioni unite), che persegue il mantenimento e la sicurezza internazionale, il rispetto dei diritti dell'uomo, le libertà fondamentali e la collaborazione fra tutti gli Stati. Essa può intervenire, anche ricorrendo alla forza, per tutelare la pace e per preservare la sicurezza. Partecipano a tale organizzazione quasi tutti gli Stati. Non partecipano formalmente la neutrale Svizzera e lo Stato del Vaticano.

I programmi europei per l'istruzione e la formazione ricevono input dalle organizzazioni internazionali e a cascata trasmettono direttive e indicazioni nel campo del diritto allo studio a tutti i Paesi dell'Ue.

"*Comenius*"

"Comenius" è un programma che riguarda tanto l'insegnamento prescolastico e scolastico fino al termine del secondo ciclo dell'insegnamento secondario quanto gli istituti e le organizzazioni che forniscono tale insegnamento.

I due obiettivi specifici del programma sono quelli di:

- permettere di comprendere più adeguatamente e far valutare positivamente la diversità delle culture europee ai giovani e al personale educativo;

- sostenere i giovani ad acquisire le qualifiche e le competenze fondamentali per il loro sviluppo individuale, per la loro attività professionale e per una cittadinanza attiva.

Il programma "Comenius", a tal proposito, cerca di raggiungere i seguenti obiettivi operativi:

a.   Miglioramento della mobilità, in modo particolare della sua qualità.

b.   Sviluppo delle partnership fra le scuole degli Stati membri.

c.   Impulso all'apprendimento delle lingue straniere.

d.   Ampliamento dei contenuti, dei servizi, delle pedagogie e delle pratiche innovative attraverso le TIC.

e. Consolidamento della formazione degli insegnanti, a livello qualitativo, e nella dimensione europea.

f. Supporto al miglioramento dei metodi pedagogici e della gestione delle scuole.

Il programma "Comenius" può sostenere le seguenti azioni:

- mobilità;

- partnership di scuole;

- progetti multilaterali;

- reti multilaterali;

- misure di accompagnamento.

Le prime due azioni (mobilità e partnership) rappresentano una percentuale di almeno l'80% del budget.

"Erasmus"

"Erasmus" è un programma che si rivolge sia all'insegnamento superiore formale sia alla formazione professionale di livello superiore, a prescindere dalla durata del corso o del diploma; riguarda anche gli studi di dottorato. La formazione professionale di livello superiore è, oggi, del tutto di competenza del programma "Erasmus".

I due obiettivi specifici del programma "Erasmus" sono quelli di:

- favorire la realizzazione di uno spazio europeo dell'insegnamento superiore,

- rafforzare e potenziare il contributo dell'insegnamento superiore e del perfezionamento professionale al processo d'innovazione.

Il programma, a tal proposito, persegue obiettivi operativi che dovrebbero permettere di arricchire, di rafforzare e di sviluppare:

- la mobilità;

- lo spazio di cooperazione tra gli istituti d'insegnamento superiore e tra questi e le imprese;

- la trasparenza e la compatibilità delle qualifiche acquisite;

- le pratiche innovative e il loro trasferimento tra i diversi Paesi;

- i contenuti, i servizi, le pedagogie e le pratiche innovative tramite le TIC.

"Erasmus" è un programma, poi, che può sostenere le seguenti azioni:

a. la mobilità degli studenti (studi, formazione, stage), del personale insegnante e degli altri membri del personale degli istituti d'insegnamento superiore e delle imprese, ai fini della formazione o dell'insegnamento. Le azioni di mobilità devono rappresentare la percentuale di almeno l'80 % del budget del programma;

b. i progetti multilaterali sull'innovazione, sulla sperimentazione e sullo scambio di pratiche positive;

c. le reti multilaterali;

d. le misure di accompagnamento.

"*Socrates*"

"Socrates" è un programma che mira a dare impulso a una dimensione europea dell'istruzione, cercando di migliorarne la qualità, attraverso la spinta alla cooperazione tra i Paesi partecipanti.

Esso vuole sviluppare un'Europa della conoscenza per meglio dare risposte alle grandi sfide del ventunesimo secolo, vale a dire:

- promuovere l'istruzione per tutta la vita;

- fare accedere tutti i cittadini all'istruzione;

- permettere a tutti di acquisire qualifiche e competenze certificate.

"Socrates" concretamente persegue, come programma, cinque obiettivi, in altre parole:

a. consolidare la dimensione europea dell'istruzione a ogni livello;

b. perfezionare la conoscenza delle lingue europee;

c. incoraggiare la cooperazione e la mobilità nei diversi settori dell'istruzione;

d. animare l'innovazione nel campo dell'istruzione;

e. promuovere le pari opportunità in ogni settore dell'istruzione.

Il programma "Socrates" completa l'azione degli Stati membri, rispettandone pienamente non solo il contenuto dell'insegnamento e l'organizzazione del sistema educativo ma anche la loro diversità culturale e linguistica. Esso comprende otto azioni. Le prime tre corrispondono alle tappe che cadenzano il percorso educativo lungo tutto l'arco della vita: scuola, università, istruzione in età adulta.

Le cinque azioni successive hanno, invece, un carattere trasversale. Una particolare attenzione viene destinata all'apprendimento delle lingue, partendo da quelle meno usate e meno insegnate. È data importanza anche allo studio, in un ambiente multiculturale, allo scopo di fornire le basi di una cittadinanza europea. Sono, poi, presenti le nuove tecnologie dell'informazione e della comunicazione, giacché considerate al servizio di un'impostazione pedagogica attiva e ritenute fondamentali per favorire l'innovazione.

Il programma "Socrates" incoraggia la diffusione dell'informazione e delle idee. Esso, essendo gestito da Agenzie nazionali dei Paesi partecipanti, consente, infine, di assicurare un rapporto diretto e immediato con i cittadini.

"Leonardo da Vinci"

Il programma "Leonardo da Vinci" s'interessa dell'insegnamento e della formazione professionali che non rientrano nel livello superiore.

Tale programma ha, nel periodo 2000- 2006, perseguito, nel complesso, tre obiettivi essenziali:

a.   promozione delle abilità e delle competenze, soprattutto dei giovani, nella formazione professionale iniziale;

b.   miglioramento qualitativo della formazione professionale permanente.

c.   rafforzamento del contributo nella formazione professionale, rispetto al processo innovativo, allo scopo di perfezionare la competitività e l'imprenditorialità.

"Leonardo da Vinci" è un programma che si rivolge alle persone svantaggiate sul mercato del lavoro, inclusi i disabili, e promuove una politica delle pari opportunità tra donne e uomini, per contrastare la discriminazione.

Gli obiettivi specifici di tale programma sono quelli di:

- collaborare con coloro che partecipano nella formazione a ottenere e a servirsi di conoscenze, di attitudini e di competenze, atte allo sviluppo personale e al prender parte attivamente e con efficacia all'interno del mercato europeo del lavoro;

- ricercare la soluzione migliore per quanto concerne la qualità e l'innovazione;

- perfezionare l'interesse per l'insegnamento e per la formazione professionale;

- migliorare la mobilità.

Il programma "Leonardo da Vinci" ha cercato di raggiungere, perciò, tutti gli obiettivi operativi, rivolti allo sviluppo e al consolidamento dei seguenti aspetti:

- la mobilità soprattutto nella formazione permanente;

- la dimensione della cooperazione tra i diversi operatori;

- le pratiche innovative e la loro dislocazione tra i vari Paesi dell'Unione europea;

- la trasparenza e il riconoscimento delle qualifiche e delle competenze;

- l'apprendimento delle lingue straniere;

- i contenuti, i servizi, le pedagogie e le pratiche innovative che si basano sulle TIC.

Il "Leonardo da Vinci" ha, infine, tentato di fortificare le seguenti azioni:

- la mobilità;

- le partnership costruite su temi d'interesse alterno;

- i progetti multilaterali;

- le reti tematiche di esperti e di organizzazioni;

- le misure di accompagnamento.

Le azioni di mobilità, che riguardano le partnership, hanno rappresentato minimo la percentuale del 60% del budget, inserito nel programma.

Lifelong Learning Programme

Il secondo programma (2000-2006) "Socrates" termina nel 2006. Il primo si era realizzato dall'anno 1994 all'anno 1999. Dal 2007 viene impiegato un nuovo Programma per la Formazione lungo tutto l'arco della vita (Lifelong Learning Programme), che sostituisce, unificandoli, il programma "Socrates" e il programma "Leonardo da Vinci".

Il nuovo programma Lifelong Learning Programme (LLP), chiamato anche programma di apprendimento permanente, è nato per sostenere l'istruzione e la formazione permanente. Esso si fonda sulla decisione n. 1720-2006/EC del Parlamento e del Consiglio europei (15 novembre 2006). Il Lifelong Learning Programme include tutte le azioni che erano in precedenza finanziate dai programmi Leonardo da Vinci e Socrates.

Esso si predispone su quattro "programmi settoriali":

- il programma "Comenius", a sostegno delle azioni per la scuola;

- il programma "Erasmus", a sostegno dello scambio tra i Paesi partecipanti degli studenti e dei docenti;

- il programma "Leonardo da Vinci", a sostegno delle azioni per la formazione professionale iniziale e permanente;

- il programma "Grundtvit", a sostegno dell'istruzione degli adulti.

Il programma "Lifelong Learning Programme" comprende anche due sotto-programmi, in altre parole:

- il programma trasversale che coordina le attività di cooperazione e innovazione nell'istruzione e nella formazione, d'insegnamento delle lingue straniere, di servizi informatici e di diffusione dei risultati del Lifelong Learning Programme;

- il programma "Jean Monnet", a sostegno delle istituzioni e delle azioni per facilitare l'integrazione europea.

Grundtvig

"Grundtvig" è un programma, diretto a tutte le forme d'istruzione che riguardano gli adulti.

Esso, nel complesso, mira a:

- dare risposta alla sfida per quanto concerne l'invecchiamento della popolazione, in Europa, nel campo dell'istruzione;

- concorrere nel procurare agli adulti alcuni percorsi, affinché riescano a migliorare le loro conoscenze e le loro competenze.

Gli obiettivi operativi del programma "Grundtvig" sono quelli di:

a. rendere migliore la qualità;

b. facilitare l'accesso alla mobilità;

c. potenziare la cooperazione;

d. aiutare e rinvenire soluzioni, in caso di abbandono degli studi, per le persone svantaggiate, indifese e psicologicamente fragili;

e. rafforzare l'elaborazione di pratiche innovative, che si trasferiscono tra i vari Paesi;

f. potenziare lo sviluppo dei contenuti, dei servizi, delle pedagogie e delle pratiche innovative che si fondano sulle TIC.

g. perfezionare i criteri pedagogici e la gestione delle organizzazioni per l'istruzione degli adulti.

Il programma "Grundtvig" può, poi, rinforzare le seguenti azioni:

- la mobilità delle persone;

- le "partnership di apprendimento Grundtvig", che si basano sui temi di reciproco interesse;

- i progetti multilaterali;

- le "reti Grundtvig", che rappresentano i nodi tematici di esperti e di organizzazioni;

- le misure d'accompagnamento.

Le azioni di mobilità che concernono le partnership rappresentano la percentuale di almeno il 55 % del budget, previsto nel programma "Grundtvig".

Il programma trasversale

Il programma trasversale è, in particolare, interessato alle attività che vanno oltre i limiti dei programmi settoriali. Esso comprende, nell'intero arco della vita, quattro attività, inserite nel settore dell'istruzione e della formazione.

Tali attività sono:

- la cooperazione e l'innovazione;

- la promozione dell'apprendimento delle lingue straniere;

- lo sviluppo dei contenuti, dei servizi, delle pedagogie e delle pratiche innovative, basato sulle TIC;

- la diffusione e l'impiego utile dei risultati di azioni che rientrano nel programma o in programmi antecedenti.

Gli obiettivi specifici del programma trasversale sono:

a.   estensione della cooperazione in Europa nei settori che comprendono almeno due programmi settoriali;

b.   promozione della qualità e della trasparenza dei sistemi d'istruzione e di formazione degli Stati membri.

Il programma si prefigge i seguenti obiettivi operativi:

- sostegno all'elaborazione delle politiche per l'istruzione e per la formazione permanente;

- prospetti di dati, di statistiche e di analisi confrontabili, da impiegare, per elaborare le politiche necessarie, per seguire i progressi compiuti nel raggiungere gli obiettivi e per delimitare i settori che richiedono attenzione;

- promozione dell'apprendimento delle lingue straniere e sostegno alla diversità linguistica negli Stati membri;

- supporto allo sviluppo dei contenuti, dei servizi, delle pedagogie e delle pratiche innovative, concernente le TIC;

- riscontro della pubblicità, della diffusione e dell'analisi dei risultati del programma.

Le azioni del programma sono applicabili fondamentalmente per le attività del programma trasversale.

"Jean Monnet"

"Jean Monnet" è un programma che s'interessa, in particolare, delle questioni che hanno attinenza tanto con l'integrazione europea nell'ambito universitario, quanto con il sostegno agli istituti e alle associazioni che si occupano dell'istruzione e della formazione a livello europeo.

Il programma "Jean Monnet" comprende essenzialmente tre attività:

- l'azione Jean Monnet, la cui partecipazione è aperta anche a istituti di Paesi terzi; essa rappresenta almeno il 16% del budget previsto nel programma;

- i finanziamenti, per permettere il funzionamento (65% del budget), agli istituti, che, segnalati, perseguono gli obiettivi d'interesse europeo; tra questi ci sono il Collegio d'Europa, l'Istituto universitario europeo di Firenze, l'Istituto europeo della pubblica amministrazione (EIPA) di Maastricht, l'Accademia di diritto europeo di Treviri, l'Agenzia europea per lo sviluppo dell'istruzione di Middelfart e il Centro internazionale per la formazione europea (CIFE) di Nizza;

- i sostegni di funzionamento (19% del budget) ad altri istituti e ad associazioni europee, che operano nel settore dell'istruzione e della formazione.

Gli obiettivi specifici del programma "Jean Monnet" sono quelli di:

- caldeggiare e facilitare le attività d'insegnamento, di ricerca e di riflessione nel settore degli studi per quanto concerne l'integrazione europea;

- aiutare un numero conveniente di istituti e di associazioni, che operano non solo sull'integrazione europea ma anche sull'istruzione e sulla formazione.

Gli obiettivi operativi, invece, sono quelli di:

- perseguimento dell'eccellenza;

- miglioramento della conoscenza e della coscienza dell'integrazione europea;

- sostegno agli istituti che s'interessano dell'integrazione europea.

- supporto agli istituti e alle associazioni di qualità.

Le azioni includono non solo i progetti unilaterali e nazionali, come quelli collegati alle cattedre, ai centri di eccellenza e ai moduli d'insegnamento "Jean Monnet", ma anche un aiuto ai giovani ricercatori e un sostegno ai progetti e alle reti multilaterali.

FSE, FESR, PON e POR

FSE (*Fondo sociale europeo*)

Il Regolamento n. 1828/2006 della Commissione europea (8 dicembre 2006) stabilisce le modalità d'applicazione del regolamento n. 1083/2006, approvato dal Consiglio europeo. Esso riporta le disposizioni generali sul Fondo europeo di sviluppo regionale (FESR), sul Fondo sociale europeo (FSE) e sul Fondo di coesione. Tale Regolamento, sulla base del principio della gestione condivisa tra l'Unione europea, gli Stati membri e le Regioni, stabilisce un processo di programmazione, fondandolo sugli orientamenti di strategia comunitaria per la politica di coesione, sul loro follow-up e sugli standard comuni per la gestione, per il controllo e per la valutazione finanziaria.

Il sistema di attuazione è orientato a fornire una gestione semplificata, proporzionale e maggiormente decentrata soprattutto dei Fondi strutturali e del Fondo di coesione. Il Fondo sociale europeo (FSE) ha, come scopo, il compito di sorreggere le misure, rivolte a evitare e a contrastare la disoccupazione; s'impegna a sviluppare le risorse umane e a preservare l'integrazione e il mercato del lavoro, con l'obiettivo di promuovere non solo un livello elevato di occupazione, ma anche la parità fra donne e uomini, lo sviluppo, la coesione economica e sociale. Si tratta, in modo particolare, di cooperare alle azioni, iniziate nell'ambito della strategia europea, a favore dell'occupazione e dell'orientamento nel campo del lavoro.

Il FSE interviene, per realizzare gli obiettivi fissati nel Regolamento dell'Unione europea n. 1260 del 1999. Tale Regolamento ha individuato cinque settori strategici, nei quali deve intervenire il Fondo sociale europeo, in altre parole:

- lo sviluppo di politiche attive nel mercato del lavoro per lottare contro la disoccupazione e per prevenirla;

- la promozione delle pari opportunità per tutti nell'accedere al mercato del lavoro;

- la diffusione sul territorio della formazione professionale, dell'istruzione e dell'assistenza nel quadro di una politica formativa, rivolta ai soggetti in maniera permanente;

- la formazione di una manodopera competente, preparata e flessibile;

- le misure specifiche e adeguate per perfezionare l'accesso e la partecipazione delle donne nel mercato del lavoro.

Si possono, in generale, prendere in considerazione per gli aiuti del FSE tre forme d'intervento:

- l'assistenza alle persone soprattutto nell'ambito della formazione, dell'insegnamento professionale e dell'orientamento;

- il supporto alle strutture e ai sistemi, per aumentare l'efficacia delle attività;

- le misure di accompagnamento (fornitura di servizi e di strutture per la presa in carico di persone dipendenti, promozione delle misure di accompagnamento socio-pedagogiche, campagne di sensibilizzazione e d'informazione).

Il FSE ha l'obbligo d'intervenire in base alle priorità nazionali che vengono decise dagli Stati membri e stabilite nei Piani di azione nazionali a favore dell'occupazione.

FESR (*Fondo europeo di sviluppo regionale*)

Il Fondo europeo di sviluppo regionale (FESR) ha, come obiettivo, l'esigenza di consolidare la coesione economica e sociale dell'Unione europea, apportando correzioni agli squilibri fra le diverse Regioni.

In sintesi, il Fondo europeo di sviluppo regionale (FESR) stanzia:

- sostegni diretti agli investimenti nelle imprese, utili a creare posti di lavoro sostenibili;

- appoggi a infrastrutture, collegate ai settori della ricerca, dell'innovazione, delle telecomunicazioni, dell'ambiente, dell'energia e dei trasporti;

- aiuti, con strumenti finanziari (fondi di capitale di rischio, fondi di sviluppo locale e così via), per favorire lo sviluppo regionale e locale, incentivando anche la cooperazione fra città e Regioni;

- supporti e misure di assistenza tecnica.

Il FESR può intervenire nell'ambito di tre nuovi obiettivi della politica regionale:

- convergenza;

- competitività regionale e occupazione;

- cooperazione territoriale europea.

Nelle Regioni del primo obiettivo (Convergenza), il Fondo europeo di sviluppo regionale fa convergere il proprio intervento sia sul consolidamento e sulla diversità delle strutture economiche, sia sulla tutela o sulla creazione di posti di lavoro sostenibili.

Il FESR finanzia, attraverso tale obiettivo, le azioni nei seguenti settori:

- ricerca e sviluppo tecnologico;

- innovazione e attività imprenditoriale;

- società dell'informazione;

- difesa dell'ambiente;

- prevenzione dei rischi,

- attività turistiche;

- mondo della cultura;

- trasporti;

- attività energetiche;

- istruzione;

- sanità.

Per quanto riguarda il secondo obiettivo (Competitività regionale e Occupazione), diventano prioritari gli ambiti:

- l'innovazione e un'economia, che si basano sulla conoscenza;

- la tutela dell'ambiente e la prevenzione dei rischi;

- l'accesso ai servizi di trasporto e di telecomunicazione di un generale interesse economico.

Per quanto concerne, infine, il terzo obiettivo (Cooperazione territoriale europea), il FESR fa convergere il proprio sostegno d'intervento su:

- lo sviluppo delle attività economiche e sociali "transfrontaliere";

- la creazione e lo sviluppo della cooperazione transnazionale, compresa quella bilaterale fra le Regioni marittime;

- l'incremento dell'efficacia della politica regionale, attraverso la cooperazione interregionale, la realizzazione di reti e lo scambio di esperienze fra le autorità regionali e quelle locali.

Il FESR sostiene, inoltre, in maniera particolare le peculiarità territoriali e fa interventi nelle aree urbane per risolvere questioni economiche, ambientali e sociali.

Le aree che presentano svantaggi geografici naturali (Regioni insulari, aree montuose e poco popolate) sono favorite negli interventi.

Nell'ambito del Fondo europeo di sviluppo regionale (FESR) viene, infine, previsto un sostegno speciale a favore delle zone periferiche, per aiutarle a risolvere le condizioni sfavorevoli, dovute al loro isolamento.

FdC (*Fondo di coesione*)

Il Fondo di coesione mira a potenziare la coesione economica e sociale dell'Unione europea (Ue), in una prospettiva di sostegno allo sviluppo sostenibile.

Il regolamento n. 1084/2006 del Consiglio istituisce tale Fondo; questo finanzia gli interventi nel settore dell'ambiente e in quello delle reti transeuropee di trasporto non solo nei nuovi Stati membri dell'Unione europea ma anche in Grecia, in Portogallo e in Spagna, in altre parole in Paesi che hanno aderito alla Comunità negli anni Ottanta del Novecento. Il fondo rientra nell'obiettivo "Convergenza". Questo obiettivo intende accelerare la convergenza degli Stati membri e delle Regioni meno sviluppate, all'intera Unione europea per mezzo del miglioramento delle condizioni di crescita e di occupazione.

Il Fondo mira, quindi, a fortificare la coesione economica e sociale dell'intera Unione europea, in un prospettico sostegno allo sviluppo sostenibile. Il tetto di partecipazione del Fondo di coesione alle spese pubbliche, "cofinanziate" negli Stati membri, è pari all'85%.

Gli interventi, attraverso cui opera il Fondo di coesione, riguardano i seguenti settori:

- ambiente;

- reti trans-europee di trasporto.

PON (Programma operativo nazionale – Fondi strutturali) e POR (Programmi operativi regionali)

I PON e i POR sono progetti, che, finanziati dal Fondo Sociale dell'Ue, riguardano unicamente le Regioni del Sud della penisola italiana (Calabria, Campania, Puglia e Sicilia). Essi sono nati per combattere l'abbandono scolastico. Sono, perciò, destinati soprattutto agli studenti. I corsi si tengono in orario pomeridiano. I PON sono "Fondi strutturali". Essi, come strumenti finanziari, vengono gestiti dalla Commissione europea e hanno la funzione di consolidare, per ridurre il divario tra le zone più sviluppate e quelle meno progredite, la coesione economica, sociale e territoriale.

Il MIUR (Ministero dell'istruzione, dell'università e della ricerca) è stato coinvolto nella gestione dei fondi strutturali nelle seguenti programmazioni:

1. 1994-1999.

2. 2000-2006.

3. 2007-2013.

Ciascun programma, che concerne i Pon, impone delle procedure obbligate per le istituzioni scolastiche, con delibere del Collegio dei docenti e del Consiglio d'istituto..

I POR sono Programmi operativi regionali. In Italia, le Regioni, nelle quali sono attivi i POR sono la Basilicata, la Calabria, la Campania, il Molise, la Puglia, la Sardegna e la Sicilia.

Essi sono impostati in maniera uniforme e sono divisi in sei capitoli, in altre parole:

- analisi della situazione di partenza;

- strategia di sviluppo;

- assi prioritari d'intervento;

- misure del Programma;

- piano finanziario;

- disposizioni di attuazione.

"Europa 2020"

Il programma "Erasmus+" dell'Unione europea per l'istruzione, la formazione, la gioventù e lo sport (scadenza 2014-2020) è concepito dopo il fallimento degli obiettivi che gli europei si erano, nel Memorandum di Lisbona (2000), dati per il 2010, ed è subentrato dal 2014, riaccorpandoli in un unico segmento di finanziamento, tanto ai programmi dell'istruzione, della formazione, della gioventù e dello sport quanto ai programmi di cooperazione internazionale nel settore dell'istruzione superiore "Erasmus Mundus" (2009-2013), "Tempus" (2007-2013), "Alfa" (2007-2013), Edulink Edulink (programma di cooperazione nel settore dell'istruzione superiore tra paesi ACP e Ue) e al programma di cooperazione bilaterale con i Paesi industrializzati.

"Erasmus+" sostiene, inoltre, la ricerca e l'insegnamento nel campo dell'integrazione dell'Ue e la cooperazione europea nello sport con azioni specifiche. Tale programma è stato presentato, come proposta legislativa, nel 2011 (23 novembre) dalla Commissione europea (COM/2011/788, def. del 23 novembre 2011). Successivamente il Parlamento e il Consiglio dell'Ue con il Regolamento 1288/2013 lo hanno ufficialmente istituito.

Gli obiettivi generali di tale programma sono:

- contribuire alla realizzazione degli obiettivi che la strategia "Europa 2020" si è imposta nel settore dell'istruzione;

- concorrere al conseguimento degli obiettivi strategici nel campo dell'istruzione e della formazione per la cooperazione europea (ET2020);

- conseguire gli obiettivi per la cooperazione europea nell'ambito delle esigenze giovanili (2010-2018);

- assicurare lo sviluppo sostenibile dei Paesi extra-europei nel settore dell'istruzione superiore e nel campo dello sport.

Il programma deve, nell'ambito dell'istruzione, della formazione, della gioventù e dello sport, poi, conseguire i seguenti obiettivi specifici, vale a dire:

- perfezionare le competenze e le abilità indispensabili, concernenti soprattutto il mercato del lavoro e la partecipazione alla vita democratica all'interno delle società nell'Ue;

- ottimizzare la qualità, l'eccellenza nella ricerca innovativa e l'internazionalizzazione riguardanti le strutture d'istruzione e gli ambienti dell'animazione socio-educativa;

- sostenere la concretizzazione di un'aria, all'interno dei Paesi dell'Unione europea, dell'apprendimento permanente;

- appoggiare le riforme politiche in ogni Paese membro dell'Unione europea;

- intensificare l'ammodernamento degli ordinamenti d'istruzione e di formazione, per l'apprendimento formale e non formale;

- potenziare la cooperazione, a livello europeo, nel settore delle nuove generazioni;

- assecondare la crescita planetaria dell'istruzione, della formazione e della gioventù, soprattutto nell'ambito dell'istruzione superiore;

- incrementare l'insegnamento e l'apprendimento delle lingue e sostenere con azioni facilitanti la diversità linguistica;

- favorire l'eccellenza nell'insegnamento e nella ricerca per quanto concerne l'integrazione sociale e politica dei cittadini all'interno dell'Unione europea;

- impedire, per il settore dello sport, che si mettano in atto alcune anomalie, a livello internazionale, come il doping, le partite truccate, l'intolleranza, la violenza e forme di razzismo;

- potenziare la buona governance nell'ambito dello sport e sostenere la doppia carriera degli atleti;

- incoraggiare l'inclusione sociale, favorire le pari opportunità e l'attività fisica a sostegno della salute.

Il programma è articolato in tre azioni fondamentali (istruzione, formazione e gioventù) e in due azioni specifiche (sostegno alla ricerca e all'insegnamento, concernenti l'integrazione nei Paesi europei e il settore dello sport). Sia le azioni fondamentali che quelle specifiche sono finanziabili.

La prima azione fondamentale è la "Mobilità individuale ai fini di apprendimento".

Per conseguire tale azione, bisogna sostenere le seguenti attività:

- la mobilità, a livello transnazionale, del personale (insegnanti, formatori, Dirigenti scolastici e operatori giovanili);

- la mobilità, a livello transnazionale, degli studenti sia dell'istruzione superiore sia dell'istruzione e formazione professionale;

- la mobilità, a livello transnazionale, dei giovani;

- la mobilità degli studenti, dei giovani e del personale (insegnanti, formatori, Dirigenti scolastici e operatori giovanili) da e verso i Paesi terzi.

Nell'ambito della prima azione, è prevista l'attivazione di uno strumento di garanzia per i prestiti, per favorire e sostenere la mobilità degli studenti che frequentano gli studi dell'istruzione superiore e scelgono di iscriversi e frequentare un Master in un Paese europeo diverso dal proprio.

La seconda azione fondamentale è la "Cooperazione per l'innovazione e le buone pratiche".

Per conseguire tale azione, bisogna sostenere le seguenti attività:

- partenariati strategici, a livello internazionale, tra gli istituti d'istruzione e le organizzazioni giovanili e/o altri attori che si riferiscono alle iniziative congiunte e allo scambio di esperienze;

- partenariati transnazionali sotto forma di:

1. "alleanze della conoscenza" fra gli istituti d'istruzione superiore e le esperienze nel campo delle imprese non solo per incoraggiare la creatività, l'innovazione e l'imprenditorialità, ma anche per offrire occasioni di apprendimento ben connesse e per incrementare nuovi curricula;

2. "alleanze delle abilità settoriali" fra gli istituti d'istruzione, la formazione e le esperienze imprenditoriali per assecondare l'occupabilità; ciò deve, però, avverarsi tanto formulando nuovi programmi di studio peculiari per i diversi settori quanto moltiplicando le modalità d'innovazione, concernenti l'istruzione e la formazione professionale, e utilizzando gli strumenti di riconoscimento a livello dell'Unione europea.

- piattaforme di sostegno informatico, che operano negli ambiti dell'istruzione e della gioventù e che permettono sia l'apprendimento tra pari sia la mobilità virtuale e gli scambi di buone pratiche. Tali piattaforme devono comprendere l'e-Twinning;

- consolidamento delle capacità e degli scambi di conoscenze e supporto ai processi di modernizzazione, attraverso la cooperazione fra gli Istituti d'istruzione superiore dell'Unione europea e dei Paesi terzi, soprattutto quelli che praticano una politica europea di vicinato.

La terza azione fondamentale è quella di "Sostegno alla riforma delle politiche".

Per conseguire tale azione, occorre intensificare le seguenti attività, vale a dire quelle che:

- concorrono ad attuare non solo l'agenda politica dell'Unione europea per quanto concerne l'istruzione, la formazione e la gioventù (Metodi aperti di coordinamento), ma anche i processi, promossi a Bologna (istruzione superiore) e a Copenaghen (istruzione e formazione professionale);

- esercitano, a livello nazionale, l'impiego degli strumenti dell'Unione europea a favore della trasparenza, come l'Europass; praticano, inoltre, il Quadro europeo delle qualifiche (EQF), il Sistema europeo di accumulo e il trasferimento dei crediti (ECTS); attuano, infine, il Sistema europeo di crediti per l'istruzione e per la formazione professionale (ECVET) e sostengono le reti dell'intera Unione europea;

- facilitano, sostenendolo, il dialogo politico con le nazioni europee, interessate ai settori dell'istruzione, della formazione e della gioventù;

- sostengono il Forum europeo della gioventù, i Centri nazionali d'informazione per il riconoscimento accademico (NARIC), le reti (Eurydice, Euroguidance ed Eurodesk), i servizi nazionali di sostegno dell'azione e-Twinning e i centri nazionali Europass; supportano, poi, gli uffici d'informazione nazionali dei Paesi della politica europea di vicinato, di quelli che producono istanza di adesione, dei Paesi candidati e di quelli che sono potenzialmente candidati; tali Paesi non partecipano a pieno titolo al programma;

- sostengono il dialogo politico con le organizzazioni internazionali pertinenti e con i Paesi terzi. Le due azioni specifiche (sostegno alla ricerca e all'insegnamento, concernenti l'integrazione nei Paesi europei e il settore dello sport) sono:

1. L'azione "Jean Monnet", che si attualizza attraverso:

- la promozione dell'insegnamento e della ricerca, che concerne l'integrazione europea in tutto il mondo; ciò avviene soprattutto con il sostegno all'istituzione delle cattedre, create in nome di Jean Monnet, e con altre attività accademiche;

- il supporto e l'appoggio alle attività tanto degli istituti accademici quanto delle associazioni che studiano con ricerche l'integrazione europea, compresa la realizzazione di un Label di eccellenza "Jean Monnet";

- il sostegno specifico alle seguenti istituzioni accademiche europee: l'Istituto universitario europeo di Firenze e il Collegio d'Europa sia quello che ha sede a Bruges (Belgio) sia quello che opera a Natolin (Polonia);

- la promozione tanto del dialogo politico quanto degli scambi fra il mondo accademico e i responsabili politici con riferimento alle priorità politiche dell'Ue.

2. L'azione nel settore dello sport, che si realizza tramite:

- i progetti internazionali;

- gli avvenimenti sportivi europei, non avendo finalità commerciali, interessano e coinvolgono i diversi Paesi dell'Unione europea;

- l'ampliamento della base di conoscenze per la definizione delle politiche del settore sportivo,

il consolidamento della capacità delle organizzazioni inerenti allo sport;

- la promozione del dialogo con le parti interessate all'interno dell'Unione europea.

Di tali azioni possono beneficiare tutti gli organismi (pubblici e privati) che risultano attivi nell'ambito dell'istruzione, della formazione, della gioventù e dello sport di base. Il programma "Erasmus+" è gestito, in modo congiunto, dalla Commissione dell'Ue e dalle apposite Agenzie nazionali. Queste ultime avranno responsabilità nelle seguenti azioni:

- le attività che riguardano la prima azione fondamentale, in altre parole "Mobilità individuale ai fini di apprendimento", tranne la mobilità programmata sulla base di titoli di studio comuni o doppi-multipli e dello "Strumento di garanzia per i prestiti";

- l'attività "Partenariati strategici" per quanto riguarda la seconda azione fondamentale, vale a dire "Cooperazione per l'innovazione e le buone pratiche";

- le attività a livello nazionale che concernono la terza azione fondamentale, ovverosia "Sostegno alla riforma delle politiche".

I Paesi dell'Unione europea, coinvolti, nel programma sono divisi in aree geografiche:

- area geografica (Ue 28): Austria, Belgio, Bulgaria, Cipro, Croazia (dal primo luglio 2013), Danimarca, Estonia, Finlandia, Francia, Germania, Grecia, Irlanda, Italia, Lettonia, Lituania, Lussemburgo, Malta, Olanda, Polonia, Portogallo, Regno Unito, Repubblica ceca, Repubblica slovacca, Romania, Slovenia, Spagna, Svezia, Ungheria;

- area geografica (EFTA-SEE): Norvegia, Islanda, Liechtenstein;

- la confederazione elvetica (Svizzera);

- area geografica dei Paesi candidati all'Ue (aggiornato a marzo 2012): Islanda, Ex Repubblica iugoslava di Macedonia, Montenegro, Turchia, Serbia;

- area geografica dei Paesi potenziali candidati all'Ue: Albania, Bosnia-Erzegovina, Kosovo (ai sensi della Risoluzione 1244 del Consiglio di Sicurezza dell'ONU);

- area geografica dei Paesi terzi, soprattutto quelli che praticano la politica europea di vicinato.

In conclusione il programma "Erasmus+" parte nel 2014 e s'innesta sul vecchio programma Socrates, presentato, nel 1992, che, dopo il Trattato dellUnione europea, doveva sviluppare la dimensione europea dell'istruzione. Da Socrates derivano i programmi Comenius, Erasmus, Leonardo Da Vinci e Grundtvig. Nell'anno 2014 sono, così, aggiornati: il programma "Comenius" per settore dell'istruzione; il programma "Erasmus" per l'istruzione superiore ed universitaria; il programma "Erasmus Mundus" per le lauree magistrali; il programma "Leonardo da Vinci" per l'istruzione e la formazione professionale; il programma "Grundtvig" per gli adulti; il programma "Gioventù in Azione" per l'apprendimento non formale e infirmale; il programma "Monnet" per gli studi sul l'Unione europea e il programma "Spirts" per il settore dello sport.

Agenda 2030 nell'Unione europea

L'Unione europea nel novembre 2016 ha recepito il documento ONU con il titolo: Il futuro sostenibile dell'Europa, prossime tappe e interviene a favore della sostenibilità.

Gli obiettivi comuni hanno il significato di salvaguardare tutti i Paesi e tutti gli individui, affinché nessuno ne sia escluso, né debba essere lasciato indietro lungo la strada indispensabile per ricondurre il Pianeta sulla via della sostenibilità.

Su tali basi viene fuori l'Agenda 2030 è costituita di diciassette OBIETTIVI di Sviluppo Sostenibile, vale a dire:

Obiettivo 1: Porre fine ad ogni forma di povertà nel mondo.

Obiettivo 2: Porre fine alla fame, raggiungere la sicurezza alimentare, migliorare la nutrizione e promuovere un'agricoltura sostenibile.

Obiettivo 3: Assicurare la salute e il benessere per tutti e per tutte le età.

Obiettivo 4: Fornire un'educazione di qualità, equa e inclusiva, e opportunità di apprendimento per tutti.

Traguardi dell'Obiettivo 4:

Garantire entro il 2030 ad ogni ragazza e ragazzo libertà, equità e qualità nel completamento dell'educazione primaria e secondaria che porti a risultati di apprendimento adeguati e concreti.

Garantire entro il 2030 che ogni ragazza e ragazzo abbiano uno sviluppo infantile di qualità, ed un accesso a cure e istruzione pre-scolastiche così da essere pronti alla scuola primaria.

Garantire entro il 2030 ad ogni donna e uomo un accesso equo ad un'istruzione tecnica, professionale e terziaria – anche universitaria – che sia economicamente vantaggiosa e di qualità.

Aumentare considerevolmente entro il 2030 il numero di giovani e adulti con competenze specifiche – anche tecniche e professionali – per l'occupazione, posti di lavoro dignitosi e per l'imprenditoria.

Eliminare entro il 2030 le disparità di genere nell'istruzione e garantire un accesso equo a tutti i livelli di istruzione e formazione professionale delle categorie protette, tra cui le persone con disabilità, le popolazioni indigene ed i bambini in situazioni di vulnerabilità.

Garantire entro il 2030 che tutti i giovani e gran parte degli adulti, sia uomini che donne, abbiano un livello di alfabetizzazione ed una capacità di calcolo.

Garantire entro il 2030 che tutti i discenti acquisiscano la conoscenza e le competenze necessarie a promuovere lo sviluppo sostenibile, anche tramite un educazione volta ad uno sviluppo e uno stile di vita sostenibile, ai diritti umani, alla parità di genere, alla promozione di una cultura pacifica e non violenta, alla cittadinanza globale e alla valorizzazione delle diversità culturali e del contributo della cultura allo sviluppo sostenibile.

Costruire e potenziare le strutture dell'istruzione che siano sensibili ai bisogni dell'infanzia, alle disabilità e alla parità di genere e predisporre ambienti dedicati all'apprendimento che siano sicuri, non violenti e inclusivi per tutti.

Espandere considerevolmente entro il 2020 a livello globale il numero di borse di studio disponibili per i Paesi in via di sviluppo, specialmente nei Paesi meno sviluppati, nei piccoli stati insulari e negli stati africani, per garantire l'accesso all'istruzione superiore – compresa la formazione professionale, le tecnologie dell'informazione e della comunicazione e i programmi tecnici, ingegneristici e scientifici – sia nei Paesi sviluppati che in quelli in via di sviluppo.

Aumentare considerevolmente entro il 2030 la presenza di insegnanti qualificati, anche grazie alla cooperazione internazionale, per la loro attività di formazione negli stati in via di sviluppo, specialmente nei Paesi meno sviluppati e i piccoli stati insulari in via di sviluppo.

Obiettivo 5: Raggiungere l'uguaglianza di genere ed emancipare tutte le donne e le ragazze.

Obiettivo 6: Garantire a tutti la disponibilità e la gestione sostenibile dell'acqua e delle strutture igienico-sanitarie.

Obiettivo 7: Assicurare a tutti l'accesso a sistemi di energia economici, affidabili, sostenibili e moderni.

Obiettivo 8: Incentivare una crescita economica duratura, inclusiva e sostenibile, un'occupazione piena e produttiva ed un lavoro dignitoso per tutti.

Obiettivo 9: Costruire un'infrastruttura resiliente e promuovere l'innovazione ed una industrializzazione equa, responsabile e sostenibile.

Obiettivo 10: Ridurre l'ineguaglianza all'interno di e fra le Nazioni.

Obiettivo 11: Rendere le città e gli insediamenti umani inclusivi, sicuri, duraturi e sostenibili.

Obiettivo 12: Garantire modelli sostenibili di produzione e di consumo.

Obiettivo 13: Promuovere azioni, a tutti i livelli, per combattere il cambiamento climatico.

Obiettivo 14: Conservare e utilizzare in modo durevole gli oceani, i mari e le risorse marine per uno sviluppo sostenibile.

Obiettivo 15: Proteggere, ripristinare e favorire un uso sostenibile dell'ecosistema terrestre. Obiettivo 16: Pace, giustizia e istituzioni forti.

Obiettivo 17: Rafforzare i mezzi di attuazione e rinnovare il partenariato mondiale per lo sviluppo sostenibile.

Il Piano di Rigenerazione scuola è stato dal 3 al 5 novembre 2021 indetto dal Ministero P.I. Il Piano di Rigenerazione scuola indica "i quattro pilastri della transizione ecologica", vale a dire:

1.Rigenerazione dei saperi;

2.Rigenerazione dei comportamenti;

3.Rigenerazione delle infrastrutture;

4.Rigenerazione delle opportunità.

Il piano "Rigenerazione scuole" vuole introdurre in modo strutturale nelle scuole italiane gli insegnamenti dell'Agenda 2030 per la formazione di nuove generazioni in grado di abitare il mondo in armonia con esso grazie alla costruzione di nuovi modelli sostenibili di interazione, basati sui 4 Pilastri.

Bibliografia

Alberti A., La scuola della Repubblica. Un ideale mai realizzato, edizioni Anicia, Roma, 2015.

Allulli G., Farinelli F., Petrolino A., L'autovalutazione d'istituto. Modelli e strumenti, Guerini e Associati editore, Milano, 2013.

Ballarin M., Gli Stati Uniti d'Europa spiegati a tutti. Guida per i perplessi, edizioni Fazi, Roma, 2014.

Battaglia A., Aspettando l'Europa. La crisi dell'integrazione e l'unità dell'Occidente, Carocci edizioni, Roma, 2007.

Boccia. P., L'implosione della scuola italiana, 33 Pagine editore, Mantova, 2022.

Boccia P., Manuale del docente, 33 Pagine editore, Mantova, 2022.

Boccia P., Manuale del Dirigente tecnico con funzioni ispettive, 33 Pagine editore, Mantova, 2022.

Boccia P., Manuale Dirigente scolastico, 33 Pagine editore, Mantova, 2022.

Boccia P., Certificare le competenze nella scuola italiana, edizioni Anicia, Roma, 2015.

Boccia P., La "Buona Scuola", edizioni Anicia, Roma, 2015.

Bochicchio F., Democratizzazione della scuola italiana. Momenti e problemi, Clueb, Bologna, 1995.

Bottani N., Checchi D., La sfida della valutazione, il Mulino editore, Bologna, 2012.

Castoldi M., Curricolo per competenze: percorsi e strumenti, Carocci, Roma 2013.

Cotturri G. Potere Sussidiario : Sussidiarietà e Federalismo in Europa e in Italia, Carocci edizioni, Roma, 2001.

D'Amico N., Storia e storie della scuola italiana, Zanichelli, Bologna, 2009.

Dahrendorf J., La libertà che cambia, Laterza, Bari, 1981.

De Toni A.F., Comello L., Prede o ragni, Utet, Torino, 2005.

Dialogo interculturale, diritti umani e cittadinanza plurale, edizioni Marsilio, 2007, Venezia.

Floris G., La fabbrica degli ignoranti. La disfatta della scuola italiana, Rizzoli, Milano, 2009.

Lafay G., Capire la globalizzazione, il Mulino, Bologna, 1998.

Gulbert P. – Vincent T., E' ancora possibile formare insegnanti?, Anicia edizioni, Roma, 2016.

Marzano A., Milito D., Progettare e valutare all'insegna dell'efficacia formativa, Anicia edizioni, Roma, 2013.

Moscone M., La scuola italiana tra riforme e contro riforme, Anicia, Roma, 2008.

Paletta A., Scuole responsabili dei risultati. Accountability e bilancio sociale, il Mulino, Bologna, 2010.

Parsi E., La fine dell'eguaglianza, Mondadori, Milano, 2012.

Pizzorusso A., Il Patrimonio Costituzionale Europeo, Il Mulino editore, Bologna, 2002.

Somaini E., Scuola e mercato. Problemi e prospettive dell'istruzione in Italia, Donzelli, Roma, 1997.

Ziller J., Diritto delle politiche e delle istituzioni dell'Unione europea, il Mulino, Bologna, 2013.

BIO-BIBLIOGRAFIA

Pietro Boccia (Baia e Latina, 29 giugno 1944). Laureato, dopo il Liceo classico, in Filosofia, nel 1974, e in Sociologia, nel 1977, e abilitato in Scienze psicologiche, è autore di saggi e di testi scolastici per i licei delle Scienze Umane e per gli istituti superiori. Ha tenuto seminari sulle problematiche giovanili presso l'Università di Cassino, e tiene per il Ministero della Pubblica Istruzione corsi di formazione e aggiornamento per docenti delle scuole superiori. Attualmente è docente a contratto di Pedagogia al Dipartimento di Psicologia dell'Università Statale "Luigi Vanvitelli" e collabora con l'Università eCAMPUS. Ha avuto forme di collaborazioni con Riviste tra le quali Vita dell'infanzia, Problemi d'oggi, Progresso del avuto forme di Mezzogiorno, Rivista Rosminiana di filosofia e cultura, Quaderni radicali e Civitas et humanitas. È stato Direttore della rivista Redazione giovani e condirettore della rivista Evidentia. È Direttore per la Casa Editrice Psiconline della collana "SCIENZE UMANE".

Ha pubblicato:

Psicologia generale e sociale, Bologna, 1999; Metodologia della ricerca nelle attività psicopedagogiche e nella vita sociale, Zanichelli editore, Bologna, 2000; Comunicazione e mass media, Zanichelli editore, Bologna, 2002; Sociologia, Zanichelli editore, Bologna, 2001; Mente e società, Liguori editore, Napoli, 2001; Sviluppo evolutivo e diversità, Liguori editore, Napoli, 2000; Statuto epistemologico delle Scienze sociali, Liguori editore, Napoli, 2001; Psicologia applicata, Liguori editore, Napoli, 2002; Socializzazione e controllo sociale, Liguori editore, Napoli, 2002; Sommario di filosofia contemporanea, Caserta, 2003; Linguaggi non verbali e multimediali, Simone editore, Napoli, 2004; Tecniche di comunicazione e relazioni pubbliche, Simone editore, Napoli, 2007; Manuale di psicologia applicata, Francavilla al Mare, 2007; Manuale di Psicologia generale, Francavilla al Mare, 2010; Manuale di Sociologia (2 voll.), Francavilla al Mare, 2011; Psicologia 2, Simone editore, Napoli, 2011; Tecniche di comunicazione, Simone editore, Napoli, 2012; Teoria della comunicazione, Simone editore, Napoli, 2012; Metodologia della ricerca, Simone editore, Napoli, 2012; Avvertenze generali al concorso a cattedra nella scuola secondaria di I grado, Maggioli editore, Rimini, 2013; Avvertenze generali al concorso a cattedra nella scuola dell'infanzia, Maggioli editore, Rimini, 2013; Sostegno attivo, Edises editore, Napoli, 2013; Una scuola aperta a tutti, Anicia editore, Roma, 2014; Le indicazioni nazionali per il curricolo dell'Istituto comprensivo, Roma, 2014; La scuola secondaria di secondo grado, Anicia editore, Roma, 2015; Certificare le competenze nella scuola italiana, Anicia editore, Roma, 2015; La "Buona Scuola", Anicia editore, Roma, 2015; Avvertenze generali al concorso a cattedra nella scuola dell'infanzia, Rimini, 2016; Avvertenze generali al concorso a cattedra nella scuola primaria, Maggioli editore, Rimini, 2016; Avvertenze generali al concorso a cattedra nella scuola secondaria di II grado, Maggioli editore, Rimini, 2016; Codice legislativo della didattica speciale, Anicia editore, Roma, 2016; Avvertenze generali al concorso a cattedra nella scuola secondaria di II grado, Maggioli editore, Rimini, 2016; La prova scritta per il concorso a cattedre nelle scuole di ogni ordine e grado, Maggioli editore, Rimini, 2016; Pratica quotidiana per la governance della scuola, Anicia editore, Roma, 2017; Sostegno nelle scuole di ogni ordine e grado, Maggioli editore, Rimini, 2017; Prova scritta e prova orale per il sostegno didattico, Maggioli editore, Rimini, 2017; Le competenze del Dirigente scolastico nel diritto amministrativo, Roma, Maggioli editore, 2018; Pedagogia sociale, Libreriauniversitaria edizioni, Limena, 2018; Competenze, metodologie e tecnologie didattiche, Maggioli editore, Rimini, 2018; Oltre la "Buona Scuola", Anicia editore, Roma, 2018; Concorso a cattedra 2018 – Quesiti svolti, Maggioli editore, Rimini, 2018; Concorso a cattedra 2018 - Avvertenze generali per la scuola secondaria di I grado, Maggioli editore, Rimini, 2018; Concorso a cattedra 2018 - Avvertenze generali per la scuola secondaria di secondo grado, Maggioli editore, Rimini, 2018; Tirocinio formativo attivo - Tracce per la prova scritta, Maggioli editore, Rmini, 2019; Quiz di prove in ogni ordine e grado di scuola, Dike giuridica editrice, Roma, 2019; Avvertenze generali per ogni ordine e grado di scuola, Dike giuridica editrice, Roma, 2020; Competenze antropo-psico-pedagogiche e tecnologie didattiche, Maggioli editore, Rimini, 2020; Manuale per l'insegnante di sostegno, Dike giuridica editrice, Roma, 2020; Lezioni simulate per la scuola di secondo grado, Maggioli editore, Rimini 2020; Quiz commentati Dike giuridica editrice, Roma, 2020; Metodologie didattiche e tecnologie informatiche, Dike giuridica editrice, Roma, 2020; Italiano, storia e geografia, Dike giuridica editrice, Roma, 2020; Quesiti a risposta aperta, NLD editore, Molfetta, 2020; Lezioni simulate per la prova orale (Infanzia e Primaria),

Maggioli editore, Rimini, 2021; Linee pedagogiche e orientamenti educativi nel sistema integrato "ZEROSEI", Simone, Napoli 2022; Manuale del Dirigente scolastico, 33 Pagine edizioni, Manotava 2022; Manuale del Dirigente tecnico con funzioni ispettive, 33 Pagine edizioni, Manotava 2022; Manuale del docente, 33 Pagine edizioni, Manotava 2022; L'implosione della scuola italiana, 33 Pagine edizioni, Manotava 2022; Manuale del DSGA, 33 Pagine edizioni, Manotava 2022.

CPSIA information can be obtained
at www.ICGtesting.com
Printed in the USA
BVHW012133101122
651450BV00025B/282